西南地区传统村落保护理论与方法丛书

四川省甘孜州莫洛村文化空间识别与传承

张桦 余压芳 王艳 著

中国建筑工业出版社

图书在版编目（CIP）数据

四川省甘孜州莫洛村文化空间识别与传承 / 张桦，余压芳，王艳著. —北京：中国建筑工业出版社，2023.12

（西南地区传统村落保护理论与方法丛书）

ISBN 978-7-112-29467-1

Ⅰ.①四… Ⅱ.①张… ②余… ③王… Ⅲ.①村落文化—保护—研究—甘孜 Ⅳ.①K297.12

中国国家版本馆CIP数据核字（2023）第244811号

基金项目：
1. 国家自然科学基金地区项目"基于文化空间识别的'侗族村寨'世界遗产价值量化评估与阐释研究"（编号：52168011）；
2. 贵州省科技支撑计划项目"基于被动式设计的贵州特色村镇传统民居物理性能提升技术研究与示范"（黔科合支撑［2021］一般539）

责任编辑：唐　旭　吴　绫
文字编辑：孙　硕
版式设计：锋尚设计
责任校对：张　颖
校对整理：赵　菲

西南地区传统村落保护理论与方法丛书
四川省甘孜州莫洛村文化空间识别与传承
张桦　余压芳　王艳　著

*

中国建筑工业出版社出版、发行（北京海淀三里河路9号）
各地新华书店、建筑书店经销
北京锋尚制版有限公司制版
北京中科印刷有限公司印刷

*

开本：787毫米×1092毫米　1/16　印张：11¼　字数：230千字
2024年2月第一版　　2024年2月第一次印刷
定价：50.00元
ISBN 978-7-112-29467-1
（41955）

版权所有　翻印必究
如有内容及印装质量问题，请联系本社读者服务中心退换
电话：（010）58337283　QQ：2885381756
（地址：北京海淀三里河路9号中国建筑工业出版社604室　邮政编码：100037）

"西南地区传统村落保护理论与方法丛书"编委会

主　编：余压芳　贵州大学建筑与城市规划学院

副主编：赵玉奇　贵州大学建筑与城市规划学院
　　　　王　希　贵州大学勘察设计研究院有限责任公司

编　委：田　聪　贵州大学城乡与建筑遗产保护研究中心
　　　　赵　炜　四川大学建筑与环境学院
　　　　张　桦　贵州大学建筑与城市规划学院
　　　　刘志安　云南省城乡规划设计研究院
　　　　王思成　贵州大学建筑与城市规划学院
　　　　吴　冲　贵州大学建筑与城市规划学院
　　　　傅　红　四川大学建筑与环境学院
　　　　陈　一　四川大学建筑与环境学院
　　　　王　艳　贵州大学建筑与城市规划学院
　　　　颜　丹　贵州卓城规划设计有限公司

总　序

　　民族特色村寨是指少数民族比较聚集且比重较高，民族文化特点及聚落特色比较突出，集中反映了民族聚落在各个时代、各种地区、各个文化类别中产生与发展的历史过程，比较完好地保存着不同族群的民族文明基因的自然村或行政村，同时又是弘扬民族文明的有效载体以及少数民族区域经济加快发展的主要资源。

　　本套丛书中西南地区特指我国的贵州省、云南省、四川省、重庆市、广西壮族自治区、西藏自治区等6个省、直辖市和自治区。保护发展传统村落和民族特色村寨是我国新时期的重要举措，截至2023年3月，住房和城乡建设部等七部委共同发布了六批中国传统村落名单共8155个，国家民委等共同发布了三批中国少数民族特色村寨名单共1652个，约占全国行政村总数的1%。西南地区是入选全国的中国传统村落、少数民族特色村寨数量最多的地区，分别占全国总量的30.8%和32%，中国西南地区的少数民族特色村寨所拥有的科技价值、美学价值、社会价值和生态价值在我国快速城市化发展阶段越来越凸显，然而，受这些村寨所处的地理区位和历史原因的影响，村寨本身在保护发展的过程中也长期面临着文化保护与产业发展的矛盾、基础设施滞后、防灾减灾能力弱、基础设施滞后等问题。面对新技术的发展、城市化的进程、人口输出地区的观念变革等发展趋势，少数民族特色村寨原有的自给自足的经济模式、自组织管理模式、自补偿生态模式都在被打破，如何在新技术适应和新观念发展过程中，对少数民族特色村寨进行科学保护和发展引领，是本套丛书研究、编写和出版的初始动因。

　　贵州大学城乡与建筑遗产保护研究中心依托长期以来对西南民族特色村寨的课题研究积累，会同四川大学、桂林理工学院、云南省城乡规划设计研究院等单位的研究学者，对近年来的国家自然科学基金课题和省部级攻关等开展的相关研究工作成果进行系统整理，形成了"西南地区传统村落保护理论与方法丛书"。丛书针对当前西南地区传统村落存在的突出问题，系统地提出了地区传统村落的文化内涵挖掘、聚落空间演变、火灾防控新技术等关键思路，结合已经开展的在贵州、云南、四川、广西等地开展的案例分析和经验总结，为西南地区传统村落保护提供可借鉴、可实施的理论和方法。

　　"西南地区传统村落保护理论与方法丛书"主要包括以下内容：

　　系列丛书分册一《西南民族特色村寨文化空间识别技术与应用》是对西南民族特色村寨文化空间识别技术与方法的探索，强调精准、快速、实操的文化空间识别技术方法，结合规划编制实践开展的识别实例和应用实例，解析西南民族特色村寨文化空间单元认定、文化空间时空属性甄别、文化空间单元解析的技术原理和操作程序，提出文化空间识别成果的应用拓展方向。

系列丛书分册二《贵州传统村落文化基因表征与解析》重点着眼于我国传统村落数量最大的贵州省地区，以在文化表达之下文化基因的发现过程和相互作用的最底层规律为切入点，通过发现并筛选传统村落中的重要人文感知要素，找到在文化表达背后所发生最基本意义的层级单元——村落文化基因的发现、测定、重组、重现等，提出基于基因分析的传统文化健康侦测、传统文化基因反馈与修复等关键技术。

系列丛书分册三《西南民族特色村寨火灾防控技术及应用》针对西南地区民族特色村寨火灾易发频发的现状，研究山区复杂地形、高密度建筑分布、木质建筑连片等限制因素影响下的火灾形成与演化机理，形成以韧性提升导向的民族特色村寨火灾防控及性能化提升技术，并探索基于互联网与人工智能的民族特色村寨火灾快速识别与瞬间响应等前沿方向。

系列丛书分册四《白族特色村寨文化空间识别与传承——云南省剑川县寺登村实录》基于云南省特有的白族传统村落的空间分布和基本特征分析，以云南省剑川县寺登村实证研究为基础，采用本丛书分册一提出的传统村落文化空间识别技术，对寺登村的文化空间开展识别、提取、分类、解析，继而探讨文化空间识别结果在寺登村民族特色村寨保护发展中的应用方向。

系列丛书分册五《布依族特色村寨的文化空间识别与传承——贵州省贵阳市实录》基于贵州省特有的布依族传统村落的空间分布和基本特征分析，以贵州省贵阳市花溪区镇山村实证研究为基础，采用本丛书分册一提出的传统村落文化空间识别技术，对镇山村的文化空间开展识别、提取、分类、解析，继而探讨文化空间识别结果在镇山村民族特色村寨保护发展中的应用方向。

系列丛书分册六《苗族特色村寨文化空间识别与传承——贵州省雷山县格头村实录》基于贵州省特有的苗传统村落的空间分布和基本特征分析，以贵州省雷山县格头村实证研究为基础，采用本丛书分册一提出的传统村落文化空间识别技术，对格头村的文化空间开展识别、提取、分类、解析，探讨文化空间识别结果在格头村民族特色村寨保护发展中的应用方向。

系列丛书分册七《四川省甘孜州莫洛村文化空间识别与传承》基于四川省特有的藏族传统村落的空间分布和基本特征分析，以四川省甘孜州莫洛村实证研究为基础，采用本丛书分册一提出的传统村落文化空间识别技术，对莫洛村的文化空间开展识别、提取、分类、解析，继而探讨文化空间识别结果在莫洛村民族特色村寨保护发展中的应用方向。

系列丛书分册八《壮族特色村寨文化空间识别与传承——广西壮族自治区桂林市龙脊古壮寨实录》基于广西特有的壮族传统村落的空间分布和基本特征分析，以广西桂林市龙脊古壮寨实证研究为基础，采用本丛书分册一提出的传统村落文化空间识别技术，对龙脊古壮寨的文化空间开展识别、提取、分类、解析，继而探讨文化空间识别结果在龙脊古壮寨民族特色村寨保护发展中的应用方向。

系列丛书分册九《川西北高原传统聚落空间结构与形态》针对四川省西北地区分布的羌藏传统聚落，从区域层面对区域聚落景观格局和城乡空间结构层面进行分析，通过类型划分与定量评估相结合，强调国土空间规划背景下，建立多尺度、系统性的科学认知，对传统聚落和民族特色村寨空间结构、形态和风貌进行保护管控和科学引导。

系列丛书分册十《侗族鼓楼传统营建技艺解析与传承——以从江鼓楼为例》基于鼓楼在侗族特色村寨中的文化空间价值意义与民族建筑技术的典型代表性，以鼓楼的整个建造过程为例，立足传统民族建筑营造技术的研究，运用了工匠口述史的方法，研究鼓楼的缘起、形式、构造、建造方式，系统解析鼓楼传统营建技艺和关键技术难点。

"西南地区传统村落保护理论与方法丛书"编写过程中，始终坚持问题导向原则，尊重西南地区特殊的历史文化背景，聚焦文化保护与技术支撑的双线并重，考虑西南地区不同民族、不同文化背景各民族特色村寨个性差异，将前期研究成果汇集整理和归纳总结，对于研究民族特色村寨的研究人员具有一定的技术指导性，对于从事民族特色村寨和传统村落保护发展的政府和企事业工作人员，也有一定的实用参考价值。

本丛书历经多年的时间研究并整理出书，虽然经过了大量的调查研究和应用示范实践的检验，但是针对我国西南地区独特的民族特色村寨保护发展的现实与需求，还存在很多问题和不足，尚待未来的研究和实践工作中继续深化和提高，敬请读者批评指正。

余压芳
2024年1月

前　言

西南地区传统村落是多民族乡愁和文化的空间载体。其中，藏族村寨是西南地区的特色村寨类型之一，96.77%的藏族人口居住在西藏自治区和四川省，其中四川省占比32.74%，大量聚族而居的藏族村寨空间布局与自然有机融合、藏族文化在村寨中鲜活传承，体现出藏族村寨特征，也承载着大量的藏族特有的非物质文化遗产，村寨中包含着多姿多彩的藏族传统文化表现形式和文化空间。文化空间是非物质历史文化遗产的两大类型之一，又是支撑民族传统文化表现的主要载体，近年来，许多城乡规划学、建筑学、民俗学、人文地理学等学科的研究者对文化空间的研究关注越来越多，业界和学界对文化空间在传统乡土聚落中的重要作用已经达成基本共识，保护好文化空间就是保护好非物质文化遗产的活动载体。

本书作为"西南地区传统村落保护理论与方法丛书"的分册之一，是在《西南民族特色村寨文化空间识别技术与应用》基础上，将如何认定文化空间、如何识别文化空间的研究方法深入探索，作者因循调查研究，深入调研剖析了近百个藏族村寨案例，通过系统梳理甘孜州莫洛村传统村落文化空间的识别需求与方向，开展了藏族文化空间的技术识别和成果应用探索，结果表明，文化空间技术识别对于藏族特色村寨文化空间的价值判定、内涵挖掘、特征解析，具有明显的促进作用。

本书也是源于"基于大数据平台和文化基因视角的贵州传统村落保护与发展关键技术研究"等国家自然科学基金项目的研究，并在课题研究报告基础上编写而成，主要包括五章内容：西南地区藏族传统村落分布及其文化空间特征、民族特色村寨的文化空间识别技术要点、莫洛村藏族特色村寨基本情况、莫洛村藏族特色村寨文化空间识别及解析、莫洛村文化空间识别成果的应用探索。

本书是对莫洛村文化空间识别与传承的研究探索，结合传统村落保护发展、文化空间识别结果应用于村落文化空间定向越野产业等的应用实例，通过系统梳理整合而成的一份创新研究成果。读者通过本书可以认识到四川省甘孜州传统村落文化空间的基本特征，较系统地了解到以莫洛村为代表的西南地区藏族特色村寨中文化空间的识别结果和传承方向，了解到文化空间识别成果在村落文化空间定向越野活动等应用方向和拓展可能。

目 录

第一章 西南地区藏族传统村落分布及其文化空间特征 …… 1

第一节 西南地区藏族传统村落概况 …… 2
一、西南地区的藏族人口及分布情况 …… 2
二、西南地区藏族传统村落入选中国少数民族特色村寨名录情况 …… 2
三、西南地区藏族传统村落入选中国传统村落名录情况 …… 5
四、藏族传统村落在西南地区的分布情况 …… 14

第二节 民族特色村落文化空间相关概念 …… 14
一、非物质文化遗产 …… 14
二、文化空间 …… 15
三、藏族传统村落文化空间研究进展 …… 16
四、西南地区藏族传统村落中的文化空间分布及特征 …… 20

第二章 民族特色村落的文化空间识别技术要点 …… 30

第一节 藏族传统村落中的文化空间识别目标 …… 31
一、确定藏族传统村落文化空间清单 …… 31
二、确定藏族传统村落文化表现形式清单 …… 31
三、定位藏族传统村落文化空间单元的空间位置 …… 31
四、匹配藏族文化空间单元与文化表现形式的对应关系 …… 31
五、甄别藏族文化空间单元的时空属性及濒危倾向 …… 31

第二节 民族特色村落中的文化空间识别程序及规程 …… 32
一、村落文化空间单元认定阶段 …… 32
二、村落文化空间属性甄别阶段 …… 32
三、村落文化空间识别成果表达阶段 …… 34

第三节 民族特色村落中的文化空间识别方法 …… 34
一、现场研究法 …… 34
二、访谈调查法 …… 35
三、信息收集法 …… 35
四、数理统计法 …… 36
五、德尔菲法 …… 36

第三章 丹巴县莫洛村藏族传统村落基本情况 …… 37

第一节 莫洛村基本情况 …… 38
一、莫洛村概况 …… 38
二、历史沿革 …… 40
三、村落选址与格局 …… 40
四、地域文化环境 …… 43

第二节 莫洛村的物质文化遗产 44
一、文物保护单位 44
二、传统建筑 46
三、历史环境要素 57

第三节 莫洛村的非物质文化遗产 58
一、非物质文化遗产定义 58
二、莫洛村非物质文化遗产 59

第四节 莫洛村保护发展历程 59
一、2005年——中国历史文化名村 59
二、2006年——全国重点文化保护单位 60
三、2012年——中国传统村落 60
四、2017年——中国少数民族特色村寨 61
五、2021年——四川省最美古镇古村落 61

第四章 莫洛村藏族传统村落文化空间识别与解析 62

第一节 莫洛村文化空间识别结果 63
一、莫洛村文化表现形式及文化空间单元清单及对应关系 63
二、莫洛村文化空间单元识别结果 65

第二节 莫洛村文化表现形式解析 68
一、藏族碉楼营造技艺 68
二、顶毪衫歌 70
三、丹巴阿克日翁（兔儿锅庄） 71
四、藏族民间酿酒技艺 73
五、藏族成人仪式 75
六、丹巴嘉绒藏族刺绣 75
七、丹巴香猪腿制作技艺及食用习俗 80
八、嘉绒藏族新年 81
九、火烧子馍馍制作技艺 81
十、嘉绒民歌——啦啦调 82
十一、丹巴酸菜制作技艺 83
十二、猪皮茶制作技艺 85
十三、孔雀锅庄 86
十四、阿吾来锅庄 86
十五、丹巴嘉绒婚俗 87
十六、猪膘制作技艺 89
十七、酸菜肠子制作技艺 90
十八、酸菜猪皮面块制作技艺 91
十九、红军驻防丹巴期间的故事 92
二十、东女国的故事 93
二十一、东女王泪水河的传说 95
二十二、丹巴古碉的传说 96
二十三、建房完工仪式 96
二十四、编制麻布技艺 98
二十五、丹巴锅庄舞 100

二十六、正月庙会文化	100
二十七、嘛呢经文化	102
二十八、哑巴经文化	102
二十九、恰支拉（儿童节）	103
三十、丹巴风情节	103
三十一、藏语文化	105
三十二、嘉绒藏族高空吊厕文化	105
三十三、丧葬习俗	106
三十四、祭灶神文化	107
三十五、嘉绒藏族服饰文化	107
三十六、转山节	109
三十七、燃灯节	111
第三节　莫洛村文化空间单元解析	111
一、房碉文化空间	111
二、碉楼文化空间	115
三、自布寺文化空间	119
四、街巷文化空间	121
五、白塔文化院坝文化空间	124
六、传统藏族民居文化空间	126
七、古树文化空间	128
八、东女国文化广场文化空间	130
九、达赞蹦草坪文化空间	132
第四节　莫洛村文化空间单元的时空属性甄别分析	134
一、莫洛村文化空间单元的时空属性	134
二、莫洛村文化空间单元的时空特性	138
三、莫洛村文化空间单元的活力指数	144

第五章　莫洛村文化空间识别成果的应用探索　151

第一节　村落文化空间定向越野概念与背景	152
一、定向越野的定义	152
二、村落文化空间定向越野的定义	152
第二节　莫洛村传统村落文化空间定向越野产业构想	152
一、莫洛村文化空间定向越野核心产品	153
二、莫洛村传统村落文化空间定向越野配置产品	154
三、莫洛村传统村落文化空间定向越野支持产品	157
四、文化空间定向越野扩展产品	158

第六章　结语　159

参考文献　161

后记　169

第一章
西南地区藏族传统村落分布及其文化空间特征

第一节　西南地区藏族传统村落概况

一、西南地区的藏族人口及分布情况

藏族是中国西南地区人口较为集中的少数民族之一，其民族语言为藏语，属于语言学上汉藏语系中的藏缅语族。藏语族包括藏语、门巴语、珞巴语和嘉戎语等多个方言，而藏文则作为藏族人民的书面语言。汉语中称之为"藏"，而他们自称为"番"（藏语发音为"博巴"）。

藏族的起源最早可追溯至雅鲁藏布江流域中部的一个农业部落。考古发现显示，早在4000多年前，藏族的祖先就在雅鲁藏布江流域定居繁衍。关于藏族起源，学界存在三种主要观点：猕猴造人说、西羌迁移说和印度南来说。

根据《2020年中国人口普查年鉴（上册）》，西南地区的藏族人口总计为4900602人。其中，藏族人口在西藏自治区占比最大，约为总人口的64.03%，而在四川省的藏族人口占比则为32.74%。此外，藏族人口还分布在四川省的阿坝藏族羌族自治州、甘孜藏族自治州，以及云南省的迪庆藏族自治州等地。

在不同地区，藏语对居民的称谓也各有不同：居住在西藏阿里地区的藏族人自称为"堆巴"，后藏地区的藏族人自称为"藏巴"，前藏地区的藏族人自称为"卫巴"，居住在西藏东境、青海西南部和四川西部的藏族人自称为"康巴"，而居住在西藏北部及川西北、甘南、青海的藏族人则自称为"安多哇"。在藏语中，"巴"和"哇"分别意味着"人"。

二、西南地区藏族传统村落入选中国少数民族特色村寨名录情况

中国少数民族特色村寨是那些以独特的民居风格、强大的产业支撑、浓郁的民族文化、宜人的人居环境以及和谐的民族关系为特点的村寨。这些村寨在民居设计、产业布局、村落面貌以及风俗习惯等方面集中体现了少数民族的经济社会发展特征和文化独特性。它们汇聚了各类民族聚居点在不同历史时期、地理位置以及文化背景下的发展历程，全面地保留了各民族的文化基因，凝聚了各民族文明的历史结晶。这些传统村落展示了中华文明的多样性，成为传承弘扬中华民族文明的有效媒介，同时也是加速少数民族群体和民族地区发展的重要资源。

2009年，财政部和国家民委联合开展了少数民族特色村寨保护与发展试点工作，并印发《关于做好少数民族特色村寨保护与发展试点工作的指导意见》。此后，国家民委先后于2014年、2017年、2020年公布三批中国少数民族特色村寨，全国共计有1652个村落入选

该名录，其中西南地区有87个藏族传统村落入选，且基本上分布在西藏自治区和四川省的阿坝藏族羌族自治州、甘孜藏族自治州以及云南省的迪庆藏族自治州（表1-1-1）。

西南地区藏族村寨入选中国少数民族特色村寨名录信息汇总表　　表1-1-1

序号	入选村寨名	列保时间	批次
1	四川省阿坝藏族羌族自治州松潘县山巴乡上磨村	2014年9月	第一批
2	四川省甘孜藏族自治州色达县色柯镇姑咱二村	2014年9月	第一批
3	西藏自治区拉萨市尼木县吞巴乡吞达村	2014年9月	第一批
4	西藏自治区拉萨市曲水县曲水镇俊巴村	2014年9月	第一批
5	西藏自治区拉萨堆龙德庆县东嘎镇桑木村	2014年9月	第一批
6	西藏自治区林芝地区林芝县鲁朗镇东巴村	2014年9月	第一批
7	西藏自治区林芝地区工布江达县江达乡太昭村	2014年9月	第一批
8	西藏自治区林芝地区米林县南伊乡琼林村	2014年9月	第一批
9	西藏自治区林芝地区米林县派镇格嘎村	2014年9月	第一批
10	西藏自治区林芝地区波密县玉普乡米堆村	2014年9月	第一批
11	西藏自治区山南地区乃东县昌珠镇扎西曲登居委会	2014年9月	第一批
12	西藏自治区日喀则地区拉孜县锡钦乡锡钦村	2014年9月	第一批
13	四川省雅安市宝兴县硗碛藏族乡夹拉村	2017年3月	第二批
14	四川省阿坝州马尔康市马尔康镇俄尔雅村	2017年3月	第二批
15	四川省阿坝州马尔康市卓克基镇西索村	2017年3月	第二批
16	四川省阿坝州小金县日尔乡董马村	2017年3月	第二批
17	四川省阿坝州壤塘县吾依乡壤古村	2017年3月	第二批
18	四川省阿坝州汶川县龙溪乡联合村	2017年3月	第二批
19	四川省阿坝州理县甘堡藏寨	2017年3月	第二批
20	四川省阿坝州茂县松坪沟乡白腊村	2017年3月	第二批
21	四川省阿坝州茂县松坪沟乡白腊村	2017年3月	第二批
22	四川省阿坝州松潘县小姓乡埃溪村	2017年3月	第二批
23	四川省阿坝州九寨沟县漳扎镇隆康村	2017年3月	第二批
24	四川省阿坝州九寨沟县大录乡大录村	2017年3月	第二批
25	四川省阿坝州黑水县沙石多乡羊茸村	2017年3月	第二批
26	四川省阿坝州黑水县色尔古镇色尔古村	2017年3月	第二批
27	四川省甘孜州康定市孔玉乡色龙村	2017年3月	第二批
28	四川省甘孜州泸定县得妥乡发旺村	2017年3月	第二批
29	四川省甘孜州泸定县得妥乡发旺村	2017年3月	第二批

续表

序号	入选村寨名	列保时间	批次
30	四川省甘孜州丹巴县革什扎乡布科村	2017年3月	第二批
31	四川省甘孜州丹巴县革什扎乡大桑村	2017年3月	第二批
32	四川省甘孜州丹巴县梭坡乡莫洛村	2017年3月	第二批
33	四川省甘孜州九龙县呷尔镇华丘村	2017年3月	第二批
34	四川省甘孜州雅江县西俄洛镇杰珠村	2017年3月	第二批
35	四川省甘孜州道孚县协德乡先锋村	2017年3月	第二批
36	四川省甘孜州巴塘县措拉镇措拉村	2017年3月	第二批
37	四川省甘孜州巴塘县德达乡德达村	2017年3月	第二批
38	四川省甘孜州巴塘县竹巴龙乡基里村	2017年3月	第二批
39	四川省甘孜州稻城县桑堆镇吉乙二村	2017年3月	第二批
40	云南省迪庆州德钦县云岭乡斯农村明永一、二社	2017年3月	第二批
41	云南省迪庆州维西傈僳族自治县叶枝镇同乐村同乐大村	2017年3月	第二批
42	云南省大理州洱源县郑家庄多民族特色村寨	2017年3月	第二批
43	西藏自治区拉萨市城关区夺底乡洛欧村	2017年3月	第二批
44	西藏自治区拉萨市曲水县达嘎乡色康民俗文化村	2017年3月	第二批
45	西藏自治区昌都市八宿县然乌镇瓦巴村	2017年3月	第二批
46	西藏自治区日喀则市白朗县嘎东镇马义村	2017年3月	第二批
47	西藏自治区日喀则市定结县陈塘镇	2017年3月	第二批
48	西藏自治区林芝市米林县男伊珞巴民族乡才召村	2017年3月	第二批
49	西藏自治区山南市隆子县斗玉珞巴族民族乡斗玉村	2017年3月	第二批
50	西藏自治区山南市错那县麻门巴民族乡麻麻村	2017年3月	第二批
51	四川省绵阳市平武县白马藏族乡亚者造祖村	2019年12月	第三批
52	四川省绵阳市平武县白马藏族乡厄哩村	2019年12月	第三批
53	四川省绵阳市平武县虎牙藏族乡上游村	2019年12月	第三批
54	四川省阿坝藏族羌族自治州马尔康市沙尔宗镇从恩村	2019年12月	第三批
55	四川省阿坝藏族羌族自治州小金县木坡乡登春村	2019年12月	第三批
56	四川省阿坝藏族羌族自治州黑水县沙石多乡杨柳秋村	2019年12月	第三批
57	四川省阿坝藏族羌族自治州黑水县沙石多乡昌德村	2019年12月	第三批
58	四川省阿坝藏族羌族自治州黑水县沙石多乡羊茸村	2019年12月	第三批
59	四川省阿坝藏族羌族自治州黑水县沙石多乡甲足村	2019年12月	第三批
60	四川省阿坝藏族羌族自治州黑水县芦花镇铁别村	2019年12月	第三批
61	四川省阿坝藏族羌族自治州阿坝县各莫乡俄休村	2019年12月	第三批

续表

序号	入选村寨名	列保时间	批次
62	四川省阿坝藏族羌族自治州阿坝县哇尔玛乡铁穷村	2019年12月	第三批
63	四川省阿坝藏族羌族自治州若尔盖县冻列乡然多村	2019年12月	第三批
64	四川省阿坝藏族羌族自治州红原县壤口乡壤口村	2019年12月	第三批
65	四川省甘孜藏族自治州丹巴县中路乡基卡依村	2019年12月	第三批
66	四川省甘孜藏族自治州丹巴县中路乡克格依村	2019年12月	第三批
67	四川省甘孜藏族自治州丹巴县巴旺乡小巴旺村	2019年12月	第三批
68	四川省甘孜藏族自治州丹巴县革什扎镇三道桥村	2019年12月	第三批
69	四川省甘孜藏族自治州丹巴县聂呷乡拖瓦村	2019年12月	第三批
70	四川省甘孜藏族自治州石渠县洛须镇龙溪卡村	2019年12月	第三批
71	四川省甘孜藏族自治州白玉县赠科乡下比沙村	2019年12月	第三批
72	四川省甘孜藏族自治州乡城县然乌乡克麦村	2019年12月	第三批
73	四川省甘孜藏族自治州乡城县热打乡热打村	2019年12月	第三批
74	四川省甘孜藏族自治州乡城县青德镇仲德村	2019年12月	第三批
75	云南省迪庆藏族自治州香格里拉市尼西乡幸福村委会上桥头村	2019年12月	第三批
76	云南省迪庆藏族自治州香格里拉市洛吉乡尼汝村委会尼中村	2019年12月	第三批
77	西藏自治区拉萨市堆龙德庆区乃琼镇波玛村	2019年12月	第三批
78	西藏自治区拉萨市曲水县才纳乡四季吉祥村	2019年12月	第三批
79	西藏自治区昌都市江达县岗托镇岗托村	2019年12月	第三批
80	西藏自治区林芝市巴宜区更章门巴民族乡门仲村	2019年12月	第三批
81	西藏自治区林芝市米林县羌纳乡西嘎村	2019年12月	第三批
82	西藏自治区林芝市墨脱县德兴乡德兴村	2019年12月	第三批
83	西藏自治区阿里地区普兰县普兰镇科迦村	2019年12月	第三批
84	西藏自治区阿里地区普兰县普兰镇吉让居委会	2019年12月	第三批
85	西藏自治区阿里地区普兰县普兰镇赤德村	2019年12月	第三批
86	西藏自治区阿里地区普兰县普兰镇仁贡村	2019年12月	第三批
87	西藏自治区阿里地区札达县达巴乡达巴村	2019年12月	第三批

三、西南地区藏族传统村落入选中国传统村落名录情况

2012年9月，经过传统村落保护和发展专家委员会第一次会议的决议，"古村落"一词被修改为"传统村落"，并正式引入传统村落名录保护制度。此后，由住房和城乡建设部、文化部、财政部等七部委在2012年至2023年，陆续发布了六批中国传统村落名录，总

计包括全国31个省份的8155个村落。在2017年,中共中央办公厅和国务院办公厅联合印发的《关于实施中华优秀传统文化传承发展工程的意见》中明确提出:"实施中国传统村落保护工程,做好传统民居、历史建筑、革命文化纪念地、农业遗产、工业遗产保护工作",同时也强调了开展少数民族特色文化保护工作、完善非物质文化遗产等重要内容。中国传统村落集合了丰富的历史文化遗产和独特的自然景观,同时也是中华民族农业文明长时间演变过程中的重要历史遗迹。这些传统村落保持着历史的变迁,房屋布局、风貌、村庄选址等方面基本保持不变,至今仍然保留着独特的民俗和风情。尽管传统村落经历了漫长的岁月,但它们依然是当地居民日常生活的场所,犹如一本生动的历史书,蕴含着极高的历史价值和纪念意义。

据统计数据显示,中国当前共计拥有8155个传统村落,其中西南地区的传统村落数量在全国范围内居领先地位。这些村落承载着多个民族文化,包括苗族、藏族、布依族、侗族等。特别是西南地区,共有237个藏族传统村落被列入名录,这些村落主要分布在西藏自治区、四川省的甘孜藏族自治州和阿坝藏族羌族自治州,以及云南省的迪庆藏族自治州等地。值得一提的是,部分村落还同时入选了中国少数民族特色村寨名录,进一步凸显了其多元文化特征(表1-1-2)。

西南地区藏族传统村落入选中国传统村落名录信息汇总表　　表1-1-2

序号	入选村落名	公布批次	列保时间
1	四川省雅安市宝兴县硗碛乡夹拉村委和平藏寨	第一批	2012年12月
2	四川省雅安市石棉县蟹螺藏族乡蟹螺堡子	第一批	2012年12月
3	四川省阿坝藏族羌族自治州马尔康县沙尔宗乡丛恩村	第一批	2012年12月
4	四川省甘孜藏族自治州得荣县子庚乡八子斯热村	第一批	2012年12月
5	四川省甘孜藏族自治州炉霍县更知乡修贡村	第一批	2012年12月
6	四川省甘孜藏族自治州炉霍县泥巴乡古西村	第一批	2012年12月
7	四川省甘孜藏族自治州炉霍县新都镇七湾村	第一批	2012年12月
8	四川省甘孜藏族自治州丹巴县梭坡乡莫洛村	第一批	2012年12月
9	西藏自治区昌都地区芒康县纳西民族乡上盐井村	第一批	2012年12月
10	西藏自治区昌都地区左贡县东坝乡军拥村	第一批	2012年12月
11	西藏自治区日喀则地区吉隆县贡当乡汝村	第一批	2012年12月
12	西藏自治区日喀则地区吉隆县吉隆镇帮兴村	第一批	2012年12月
13	西藏自治区林芝地区工布江达县错高乡错高村	第一批	2012年12月
14	四川省雅安市石棉县蟹螺藏族乡猛种村猛种堡子	第二批	2013年8月
15	四川省雅安市石棉县蟹螺藏族乡猛种村木耳堡子	第二批	2013年8月

续表

序号	入选村落名	公布批次	列保时间
16	四川省阿坝藏族羌族自治州黑水县色尔古乡色尔古村	第二批	2013年8月
17	四川省阿坝藏族羌族自治州黑水县木苏乡大别窝村	第二批	2013年8月
18	四川省阿坝藏族羌族自治州黑水县维古乡西苏瓜子村	第二批	2013年8月
19	四川省阿坝藏族羌族自治州马尔康县卓克基镇西索村	第二批	2013年8月
20	四川省甘孜藏族自治州炉霍县朱倭乡朱倭村	第二批	2013年8月
21	四川省甘孜藏族自治州炉霍县雅德乡然柳村	第二批	2013年8月
22	四川省甘孜藏族自治州乡城县青德乡仲德村	第二批	2013年8月
23	四川省甘孜藏族自治州乡城县香巴拉镇色尔宫村	第二批	2013年8月
24	四川省甘孜藏族自治州得荣县子庚乡阿称村	第二批	2013年8月
25	四川省甘孜藏族自治州得荣县子庚乡子实村	第二批	2013年8月
26	四川省甘孜藏族自治州得荣县子庚乡子庚村	第二批	2013年8月
27	云南省迪庆藏族自治州香格里拉县洛吉乡尼汝村	第二批	2013年8月
28	云南省迪庆藏族自治州香格里拉县三坝乡白地村	第二批	2013年8月
29	云南省迪庆藏族自治州香格里拉县建塘镇小街子村	第二批	2013年8月
30	云南省迪庆藏族自治州德钦县云岭乡雨崩村	第二批	2013年8月
31	云南省迪庆藏族自治州德钦县燕门乡茨中村	第二批	2013年8月
32	西藏自治区拉萨市墨竹工卡县甲玛乡赤康村	第二批	2013年8月
33	四川省甘孜藏族自治州乡城县尼斯乡马色村	第三批	2014年11月
34	四川省甘孜藏族自治州稻城县香格里拉镇亚丁村	第三批	2014年11月
35	四川省甘孜藏族自治州稻城县赤土乡仲堆村	第三批	2014年11月
36	四川省甘孜藏族自治州得荣县瓦卡镇阿洛贡村	第三批	2014年11月
37	云南省迪庆藏族自治州香格里拉县建塘镇红坡村委会霞给村	第三批	2014年11月
38	云南省迪庆藏族自治州香格里拉县尼西乡汤满村委会汤堆村	第三批	2014年11月
39	云南省迪庆藏族自治州香格里拉县格咱乡木鲁村委会	第三批	2014年11月
40	云南省迪庆藏族自治州德钦县佛山乡江坡村委会江坡村	第三批	2014年11月
41	云南省迪庆藏族自治州德钦县拖顶乡大村村委会	第三批	2014年11月
42	云南省迪庆藏族自治州德钦县霞若乡霞若村委会	第三批	2014年11月
43	西藏自治区拉萨市林周县江热夏乡连巴村	第三批	2014年11月
44	西藏自治区拉萨市尼木县吞巴乡吞达村	第三批	2014年11月
45	西藏自治区昌都地区洛隆县硕督镇硕督村	第三批	2014年11月
46	西藏自治区那曲地区尼玛县文部乡南村	第三批	2014年11月
47	西藏自治区林芝地区波密县玉普乡米堆村	第三批	2014年11月

续表

序号	入选村落名	公布批次	列保时间
48	四川省绵阳市平武县虎牙藏族乡上游村	第四批	2016年12月
49	四川省绵阳市平武县白马藏族乡亚者造祖村	第四批	2016年12月
50	四川省绵阳市平武县木座藏族乡民族村	第四批	2016年12月
51	四川省阿坝藏族羌族自治州理县薛城镇较场村	第四批	2016年12月
52	四川省阿坝藏族羌族自治州理县甘堡乡甘堡村	第四批	2016年12月
53	四川省阿坝藏族羌族自治州理县下孟乡沙吉村	第四批	2016年12月
54	四川省阿坝藏族羌族自治州九寨沟县漳扎镇中查村	第四批	2016年12月
55	四川省阿坝藏族羌族自治州九寨沟县罗依乡大寨村	第四批	2016年12月
56	四川省阿坝藏族羌族自治州九寨沟县马家乡苗州村	第四批	2016年12月
57	四川省阿坝藏族羌族自治州九寨沟县草地乡下草地村	第四批	2016年12月
58	四川省阿坝藏族羌族自治州九寨沟县大录乡大录村	第四批	2016年12月
59	四川省阿坝藏族羌族自治州九寨沟县大录乡东北村	第四批	2016年12月
60	四川省阿坝藏族羌族自治州黑水县知木林乡知木林村	第四批	2016年12月
61	四川省阿坝藏族羌族自治州马尔康县松岗镇直波村	第四批	2016年12月
62	四川省阿坝藏族羌族自治州马尔康县梭磨乡色尔米村	第四批	2016年12月
63	四川省阿坝藏族羌族自治州马尔康县党坝乡尕兰村	第四批	2016年12月
64	四川省阿坝藏族羌族自治州马尔康县大藏乡春口村	第四批	2016年12月
65	四川省阿坝藏族羌族自治州马尔康县草登乡代基村	第四批	2016年12月
66	四川省阿坝藏族羌族自治州壤塘县宗科乡加斯满村	第四批	2016年12月
67	四川省阿坝藏族羌族自治州壤塘县吾依乡修卡村	第四批	2016年12月
68	四川省阿坝藏族羌族自治州壤塘县茸木达乡茸木达村	第四批	2016年12月
69	四川省阿坝藏族羌族自治州壤塘县中壤塘乡壤塘村	第四批	2016年12月
70	四川省甘孜藏族自治州丹巴县巴底乡齐鲁村	第四批	2016年12月
71	四川省甘孜藏族自治州丹巴县聂呷乡妖枯村	第四批	2016年12月
72	四川省甘孜藏族自治州丹巴县梭坡乡宋达村	第四批	2016年12月
73	四川省甘孜藏族自治州丹巴县中路乡克格依村	第四批	2016年12月
74	四川省甘孜藏族自治州丹巴县中路乡波色龙村	第四批	2016年12月
75	四川省甘孜藏族自治州白玉县章都乡边坝村	第四批	2016年12月
76	四川省甘孜藏族自治州白玉县热加乡麻通村	第四批	2016年12月
77	四川省甘孜藏族自治州白玉县灯龙乡帮帮村	第四批	2016年12月
78	四川省甘孜藏族自治州白玉县灯龙乡龚巴村	第四批	2016年12月
79	四川省甘孜藏族自治州白玉县赠科乡下比沙村	第四批	2016年12月

续表

序号	入选村落名	公布批次	列保时间
80	四川省甘孜藏族自治州理塘县高城镇车马村	第四批	2016年12月
81	四川省甘孜藏族自治州理塘县高城镇德西二村	第四批	2016年12月
82	四川省甘孜藏族自治州理塘县高城镇德西三村	第四批	2016年12月
83	四川省甘孜藏族自治州理塘县高城镇德西一村	第四批	2016年12月
84	四川省甘孜藏族自治州理塘县格木乡查卡村	第四批	2016年12月
85	西藏自治区日喀则市南木林县土布加乡岗嘎村	第四批	2016年12月
86	西藏自治区日喀则市定日县岗嘎镇岗嘎村	第四批	2016年12月
87	西藏自治区日喀则市谢通门县通门乡坚白村	第四批	2016年12月
88	西藏自治区日喀则市亚东县帕里镇一、二、三、四居委	第四批	2016年12月
89	西藏自治区林芝市巴宜区鲁朗镇扎西岗村	第四批	2016年12月
90	西藏自治区林芝市波密县八盖乡日卡村	第四批	2016年12月
91	西藏自治区山南市乃东区扎西曲登村	第四批	2016年12月
92	西藏自治区山南市琼结县下水乡唐布齐行政村	第四批	2016年12月
93	四川省雅安市汉源县永利彝族乡古路村	第五批	2019年6月
94	四川省雅安市石棉县蟹螺藏族乡俄足村	第五批	2019年6月
95	四川省阿坝藏族羌族自治州松潘县川主寺镇林坡村	第五批	2019年6月
96	四川省阿坝藏族羌族自治州金川县集沐乡根扎村	第五批	2019年6月
97	四川省阿坝藏族羌族自治州小金县沃日乡官寨村	第五批	2019年6月
98	四川省阿坝藏族羌族自治州黑水县沙石多乡银真村	第五批	2019年6月
99	四川省阿坝藏族羌族自治州壤塘县中壤塘镇布康木达村	第五批	2019年6月
100	四川省甘孜藏族自治州丹巴县巴底镇小坪村	第五批	2019年6月
101	四川省甘孜藏族自治州丹巴县巴底镇大坪村	第五批	2019年6月
102	四川省甘孜藏族自治州丹巴县巴底镇沈洛村	第五批	2019年6月
103	四川省甘孜藏族自治州丹巴县巴底镇木纳山村	第五批	2019年6月
104	四川省甘孜藏族自治州丹巴县巴底镇邛山一村	第五批	2019年6月
105	四川省甘孜藏族自治州丹巴县聂呷乡喀咔一村	第五批	2019年6月
106	四川省甘孜藏族自治州丹巴县聂呷乡喀咔三村	第五批	2019年6月
107	四川省甘孜藏族自治州丹巴县聂呷乡喀咔二村	第五批	2019年6月
108	四川省甘孜藏族自治州丹巴县革什扎镇大桑村	第五批	2019年6月
109	四川省甘孜藏族自治州丹巴县革什扎镇吉汝村	第五批	2019年6月
110	四川省甘孜藏族自治州丹巴县革什扎镇俄洛村	第五批	2019年6月
111	四川省甘孜藏族自治州丹巴县革什扎镇三道桥村	第五批	2019年6月

续表

序号	入选村落名	公布批次	列保时间
112	四川省甘孜藏族自治州丹巴县丹东乡莫斯卡村	第五批	2019年6月
113	四川省甘孜藏族自治州甘孜县甘孜镇根布夏村	第五批	2019年6月
114	四川省甘孜藏族自治州甘孜县甘孜镇甲布卡村	第五批	2019年6月
115	四川省甘孜藏族自治州甘孜县甘孜镇麻达卡村	第五批	2019年6月
116	四川省甘孜藏族自治州甘孜县康生乡白日村	第五批	2019年6月
117	四川省甘孜藏族自治州德格县更庆镇八美村	第五批	2019年6月
118	四川省甘孜藏族自治州德格县八邦乡曲池村	第五批	2019年6月
119	四川省甘孜藏族自治州德格县柯洛洞乡牛麦村	第五批	2019年6月
120	四川省甘孜藏族自治州白玉县建设镇布麦村	第五批	2019年6月
121	四川省甘孜藏族自治州白玉县赠科乡扎马村	第五批	2019年6月
122	四川省甘孜藏族自治州石渠县奔达乡满真村	第五批	2019年6月
123	四川省甘孜藏族自治州色达县翁达镇翁达村	第五批	2019年6月
124	四川省甘孜藏族自治州色达县旭日乡旭日村	第五批	2019年6月
125	四川省甘孜藏族自治州色达县杨各乡加更达村	第五批	2019年6月
126	四川省甘孜藏族自治州色达县歌乐沱乡切科村	第五批	2019年6月
127	四川省甘孜藏族自治州理塘县高城镇替然尼巴村	第五批	2019年6月
128	四川省甘孜藏族自治州理塘县甲洼镇江达村	第五批	2019年6月
129	四川省甘孜藏族自治州理塘县甲洼镇俄丁村	第五批	2019年6月
130	四川省甘孜藏族自治州理塘县君坝乡火古龙村	第五批	2019年6月
131	四川省甘孜藏族自治州理塘县哈依乡哈依村	第五批	2019年6月
132	四川省甘孜藏族自治州理塘县喇嘛垭乡日戈村	第五批	2019年6月
133	四川省甘孜藏族自治州理塘县章纳乡乃干多村	第五批	2019年6月
134	四川省甘孜藏族自治州理塘县格木乡加细村	第五批	2019年6月
135	四川省甘孜藏族自治州理塘县拉波乡容古村	第五批	2019年6月
136	四川省甘孜藏族自治州理塘县拉波乡中扎村	第五批	2019年6月
137	四川省甘孜藏族自治州乡城县青麦乡木差村	第五批	2019年6月
138	四川省甘孜藏族自治州稻城县邓波乡下邓坡村	第五批	2019年6月
139	四川省甘孜藏族自治州稻城县各卡乡卡斯村	第五批	2019年6月
140	四川省凉山彝族自治州木里藏族自治县宁朗乡甲店村	第五批	2019年6月
141	四川省凉山彝族自治州木里藏族自治县屋脚蒙古族乡屋脚村	第五批	2019年6月
142	四川省凉山彝族自治州木里藏族自治县克尔乡宣洼村	第五批	2019年6月
143	西藏自治区拉萨市堆龙德庆县柳梧乡达东村	第五批	2019年6月

续表

序号	入选村落名	公布批次	列保时间
144	西藏自治区日喀则市定日县协格尔镇曲下村	第五批	2019年6月
145	西藏自治区日喀则市仁布县切洼乡嘎布久嘎村	第五批	2019年6月
146	西藏自治区日喀则市康马县少岗乡朗巴村	第五批	2019年6月
147	西藏自治区昌都市左贡县旺达镇木龙村	第五批	2019年6月
148	西藏自治区林芝市墨脱县背崩乡巴登村	第五批	2019年6月
149	西藏自治区山南市贡嘎县岗堆镇桑布日村	第五批	2019年6月
150	西藏自治区山南市桑日县桑日镇雪巴村	第五批	2019年6月
151	西藏自治区山南市琼结县拉玉乡强吉村	第五批	2019年6月
152	西藏自治区山南市措美县乃西乡鲁麦村	第五批	2019年6月
153	西藏自治区山南市洛扎县边巴乡美秀村	第五批	2019年6月
154	西藏自治区山南市洛扎县扎日乡拉隆村	第五批	2019年6月
155	西藏自治区山南市错那县勒门巴民族乡贤村	第五批	2019年6月
156	西藏自治区山南市错那县库局乡桑玉村	第五批	2019年6月
157	西藏自治区山南市错那县库局乡库局村	第五批	2019年6月
158	西藏自治区阿里地区普兰县普兰镇科迦村	第五批	2019年6月
159	四川省甘孜藏族自治州理塘县木拉镇卡下村	第六批	2023年3月
160	四川省甘孜藏族自治州理塘县木拉镇则工村	第六批	2023年3月
161	四川省阿坝藏族羌族自治州阿坝县查理乡神座村	第六批	2023年3月
162	四川省阿坝藏族羌族自治州黑水县卡龙镇才盖村	第六批	2023年3月
163	四川省阿坝藏族羌族自治州松潘县川主寺镇安备村	第六批	2023年3月
164	四川省甘孜藏族自治州康定市普沙绒乡莲花湖村	第六批	2023年3月
165	四川省甘孜藏族自治州康定市甲根坝镇日头村	第六批	2023年3月
166	四川省甘孜藏族自治州白玉县灯龙乡定戈村	第六批	2023年3月
167	四川省甘孜藏族自治州道孚县玉科镇兴岛科村	第六批	2023年3月
168	四川省甘孜藏族自治州泸定县兴隆镇化林村	第六批	2023年3月
169	四川省甘孜藏族自治州康定市塔公镇各日马村	第六批	2023年3月
170	四川省阿坝藏族羌族自治州黑水县芦花镇三达古村	第六批	2023年3月
171	四川省甘孜藏族自治州康定市麦崩乡日央村	第六批	2023年3月
172	四川省阿坝藏族羌族自治州黑水县沙石多镇羊茸村	第六批	2023年3月
173	四川省阿坝藏族羌族自治州松潘县黄龙乡三舍驿村	第六批	2023年3月
174	四川省阿坝藏族羌族自治州松潘县毛儿盖镇索花村	第六批	2023年3月
175	四川省甘孜藏族自治州炉霍县雅德乡固理村	第六批	2023年3月

续表

序号	入选村落名	公布批次	列保时间
176	四川省凉山彝族自治州里县雅砻江镇中铺子村	第六批	2023年3月
177	四川省凉山彝族自治州木里藏族自治县俄亚纳西族乡卡瓦村	第六批	2023年3月
178	四川省甘孜藏族自治州九龙县呷尔镇华丘村	第六批	2023年3月
179	四川省甘孜藏族自治州理塘县上木拉乡亚公村	第六批	2023年3月
180	四川省甘孜藏族自治州雅江县波斯河镇俄古村	第六批	2023年3月
181	四川省甘孜藏族自治州理塘县上木拉乡格中村	第六批	2023年3月
182	四川省甘孜藏族自治州乡城县青德镇下坝村	第六批	2023年3月
183	四川省甘孜藏族自治州巴塘县甲英镇党巴村	第六批	2023年3月
184	四川省广元市青川县房石镇百兴村	第六批	2023年3月
185	四川省甘孜藏族自治州雅江县八依绒乡格日村	第六批	2023年3月
186	四川省甘孜藏族自治州道孚县泰宁镇街村	第六批	2023年3月
187	四川省甘孜藏族自治州白玉县赠科乡上比沙村	第六批	2023年3月
188	四川省甘孜藏族自治州理塘县木拉镇格西村	第六批	2023年3月
189	四川省阿坝藏族羌族自治州松潘县下八寨乡格丫村	第六批	2023年3月
190	四川省甘孜藏族自治州理塘县上木拉乡增德村	第六批	2023年3月
191	四川省甘孜藏族自治州乡城县然乌乡东尔村	第六批	2023年3月
192	四川省甘孜藏族自治州乡城县水洼乡水洼村	第六批	2023年3月
193	西藏自治区拉萨市曲水县曲水镇察巴朗村	第六批	2023年3月
194	西藏自治区山南市洛扎县扎日乡曲措村	第六批	2023年3月
195	西藏自治区那曲市比如县香曲乡亚东村	第六批	2023年3月
196	西藏自治区日喀则市康马县南尼乡南尼村	第六批	2023年3月
197	西藏自治区昌都市洛隆县康沙镇康沙村	第六批	2023年3月
198	西藏自治区山南市措美县措美镇波嘎村	第六批	2023年3月
199	西藏自治区昌都市左贡县旺达镇列达村	第六批	2023年3月
200	西藏自治区山南市加查县安绕镇嘎麦村	第六批	2023年3月
201	西藏自治区山南市错那县吉巴门巴民族乡吉巴村	第六批	2023年3月
202	西藏自治区那曲市比如县羊秀乡羊秀村	第六批	2023年3月
203	西藏自治区日喀则市康马县涅如堆乡达日村	第六批	2023年3月
204	西藏自治区山南市加查县崔久乡普麦囊村	第六批	2023年3月
205	西藏自治区阿里地区札达县底雅乡底雅村	第六批	2023年3月
206	西藏自治区日喀则市康马县康马镇朗达村	第六批	2023年3月

续表

序号	入选村落名	公布批次	列保时间
207	西藏自治区山南市琼结县加麻乡加麻村	第六批	2023年3月
208	西藏自治区昌都市左贡县碧土乡甲郎村	第六批	2023年3月
209	西藏自治区那曲市尼玛县达果多玛村	第六批	2023年3月
210	西藏自治区阿里地区札达县楚鲁松杰乡楚松村	第六批	2023年3月
211	西藏自治区昌都市左贡县东坝乡普卡村	第六批	2023年3月
212	西藏自治区阿里地区札达县托林镇东嘎村	第六批	2023年3月
213	西藏自治区山南市乃东区结巴乡格桑村	第六批	2023年3月
214	西藏自治区山南市乃东区结巴乡滴新村	第六批	2023年3月
215	西藏自治区山南市错那县贡日门巴民族乡斯木村	第六批	2023年3月
216	西藏自治区林芝市波密县玉许乡帮肯村	第六批	2023年3月
217	西藏自治区山南市加查县冷达乡巴达村	第六批	2023年3月
218	西藏自治区山南市浪卡子县多却乡绒布村	第六批	2023年3月
219	西藏自治区山南市浪卡子县卡龙乡贡米村	第六批	2023年3月
220	西藏自治区林芝市波密县易贡乡通加村	第六批	2023年3月
221	西藏自治区昌都市类乌齐县类乌齐镇达郭村	第六批	2023年3月
222	西藏自治区山南市贡嘎县东拉乡东拉村	第六批	2023年3月
223	西藏自治区山南市曲松县曲松镇东嘎村	第六批	2023年3月
224	西藏自治区山南市贡嘎县朗杰学乡岗则村	第六批	2023年3月
225	西藏自治区那曲市比如县比如镇珠德村	第六批	2023年3月
226	西藏自治区山南市乃东区结巴乡门中村	第六批	2023年3月
227	西藏自治区那曲市比如县香曲乡色雄村	第六批	2023年3月
228	西藏自治区山南市浪卡子县卡热乡江热村	第六批	2023年3月
229	西藏自治区昌都市八宿县邦达镇同尼村	第六批	2023年3月
230	西藏自治区山南市措美县古堆乡扎西松多村	第六批	2023年3月
231	西藏自治区山南市曲松县曲松镇贡麦村	第六批	2023年3月
232	西藏自治区山南市浪卡子县白地乡白地村	第六批	2023年3月
233	西藏自治区山南市乃东区结巴乡桑嘎村	第六批	2023年3月
234	西藏自治区昌都市类乌齐县加桑卡乡瓦日村	第六批	2023年3月
235	西藏自治区昌都市左贡县东坝乡格瓦村	第六批	2023年3月
236	西藏自治区山南市乃东区结巴乡结巴村	第六批	2023年3月
237	西藏自治区山南市乃东区结巴乡多若村	第六批	2023年3月

四、藏族传统村落在西南地区的分布情况

中国传统村落集中分布在浙皖、赣湘、云贵及晋南部分地区，西藏、青海、新疆、甘肃等西部地区传统村落分布较少，大致呈现"总体分布均衡，局部相对集中"的特点。西南地区的少数民族村寨、中国传统村落大量分布在贵州省、云南省和四川省，本书研究的藏族村寨属于藏族的分支嘉绒藏族，主要分布在四川省甘孜州东部丹巴等地和阿坝州金川、小金、马尔康、理县、黑水、红原和汶川部分地区，以及雅安市、凉山州等地。结合前面对西南地区藏族传统村落的分布情况可知，西南地区中国少数民族特色村寨、中国传统村落中的藏族传统村落主要分布在西藏自治区、四川省甘孜藏族自治州、四川省阿坝藏族羌族自治州、云南省迪庆藏族自治州，具体数据是如下：西南地区87个入选中国少数民族特色村寨名录的藏族村寨中，5个位于云南省迪庆州，其余分布在西藏自治区和四川省内；237个入选中国传统村落名录的藏族村寨中，有11个位于云南省迪庆州，剩余226个分布在西藏自治区和四川省内。

第二节 民族特色村落文化空间相关概念

一、非物质文化遗产

（一）非物质文化遗产定义

2003年10月，联合国教科文组织第32届大会通过了《保护非物质文化遗产公约》（以下简称《公约》），随后我国于2004年正式成为《公约》的缔约国。该《公约》明确了"政府间保护非物质文化遗产委员会"的角色，该委员会由各缔约国成员选举产生，负责提名、编辑和更新人类非物质文化遗产代表作名录、急需保护的非物质文化遗产名录，以及制定保护非物质文化遗产的计划、项目和活动（即优秀实践名册）。《公约》第二条明确规定："（一）非物质文化遗产，是指被各社区、群体、有时甚至个人，视为其文化遗产组成部分的各种社会实践、观念表述、表现形式、知识、技能以及相关的工具、实物、手工艺品和文化场所。"根据这一定义，非物质文化遗产包含以下方面：①口头传统和表现形式，其中包括作为非物质文化遗产载体的语言；②表演艺术；③社会实践、仪式、节庆活动；④关于自然界和宇宙的知识和实践；⑤传统手工艺。

这些规定确立了《公约》对非物质文化遗产的广泛涵盖，从口述传统到表演艺术、社

会仪式，甚至涵盖了关于自然和手工艺等各个方面。这一保护框架旨在全面保障各种文化遗产的保护与传承。2011年6月1日起实施的《中华人民共和国非物质文化遗产法》第二条："本法所称非物质文化遗产，是指各族人民世代相传并视为其文化遗产组成部分的各种传统文化表现形式，以及与传统文化表现形式相关的实物和场所。包括：（一）传统口头文学以及作为其载体的语言；（二）传统美术、书法、音乐、舞蹈、戏剧、曲艺和杂技；（三）传统技艺、医药和历法；（四）传统礼仪、节庆等民俗；（五）传统体育和游艺；（六）其他非物质文化遗产。而对于属于非物质文化遗产组成部分的实物和场所，如涉及文物，适用《中华人民共和国文物保护法》的有关规定。"这一法规完善了非物质文化遗产的定义，并明确了各种文化遗产的范围，从传统口述文学到各种艺术形式，再到传统技艺、礼仪、体育等，都在其保护的范畴之内。同时，该法规还强调了非物质文化遗产与文物保护法之间的联系和适用。这一综合性法律框架旨在进一步加强对我国非物质文化遗产的保护、传承和推广。

（二）我国非物质文化遗产名录概况

根据《公约》的要求，各缔约国应根据本国国情编制非物质文化遗产清单。截至2022年12月，我国已成功将43个项目列入联合国教科文组织的非物质文化遗产名录，其中包括35项人类非物质文化遗产代表名录、7项急需保护的非物质文化遗产名录，以及1项优秀实践名册。这使得我国成为全球拥有最多世界非物质文化遗产项目的国家之一。自2005年起，我国正式建立了非物质文化遗产名录体系。国务院已先后于2006年、2008年、2011年、2014年和2021年发布了五批国家级非物质文化遗产代表性项目名录，标志着我国在非物质文化遗产保护方面取得了重要的进展。

二、文化空间

"文化空间"又称为"文化场所"（Culture Places），是联合国教科文组织用于保护非物质文化遗产的专用术语，主要用以描述人类口头传统和非物质遗产代表作的形式和特征。鉴于其紧密关联于非物质文化遗产，文化空间的涵义必须建立在非物质文化遗产的基础之上。1998年，联合国教科文组织颁布了《宣布人类口头和非物质遗产代表作条例》，明确将人类口头传统和非物质文化遗产划分为两大类。第一类涵盖各种"民间传统文化表现形式"，包括语言、文学、音乐、舞蹈、游戏、神话、礼仪、习惯、手工艺、建筑术以及其他民间传统文化表现形式的传承和传播方式；第二类即为"文化空间"，将这一概念纳入其中。随着联合国教科文组织对非物质文化遗产的定义和分类逐渐明晰，文化空间在非物质文化遗产中的重要性也逐渐凸显。我国在2005年将文化空间纳入了非物质文化遗产的基本分类，将其视为一个重要范畴。我国认为"文化空间"不仅具备空间性，还包括时间性，是展现传统文化形式、体现传统文化活动周期的场所。这一分类体系强调了文化空间的特殊地位和价值。总的来说，"文化空间"是一个专门用于描述和保护非物质文化遗产的术语，它代表了传统文化在特定场所中的呈现，随着时间的流逝，这一概念在非物质文化遗产保护中的重要性逐渐凸显西南地区是我国非物质文化遗产分布较为集中的区域。早在20世纪90年代末期，全国人大教科文卫委员会就是在对西南地区的云南、四川、贵州、重庆、广西等地的民间艺术、传统工艺等进行调查后，才向文化部提出了研究起草民族民间传统文化保护法的建议。西南传统乡土聚落中的民间艺术和传统工艺等文化表现形式多与各种少数民族的文化生活紧密联系，并以聚落中独特的景观空间为载体，具有明确的"文化空间"意义，然而，与之相关的景观要素呈现出较为敏感的变迁特点。"文化空间"往往是聚落保护规划中的重点和难点，就空间属性上面看，"文化空间"涉及的区域往往是村寨整体保护中最为敏感的地段，就时间属性上看，"文化空间"涉及的活动规律的变化往往是村寨保护工作中容易忽略的现象。

三、藏族传统村落文化空间研究进展

近20余年来，有关少数民族特色村寨、传统村落和历史文化名村等领域的研究文献，逐渐凸显了"文化空间"的概念。传统村落文化空间的保护和有效利用，已受到国家的高度关注。在中国西南地区，尤其是藏族聚居村寨内，"文化空间"呈现出丰富多样的特色，成为学术界研究的重点议题。

作为藏族传统村落中的重要组成部分，"文化空间"不仅为藏族非物质文化遗产提供了孕育、发展和传承的土壤，而且在物质和精神层面上都体现了传统村落的生命力。

城乡规划学、文化人类学、人文地理学等学科的研究者对"文化空间"的关注日益深入。学术界和实践领域已经基本形成了共识，认识到"文化空间"在传统村落中的重要作用。经过不懈的探索，这些领域已取得了丰硕的研究成果。总结而言，主要集中在以下几个方面：

（一）藏族传统村落文化空间的价值内涵研究

通过对传统村落的研究能发现，越来越多的学者了解到藏族传统村落文化空间的价值内涵。陈波等以空间生产理论为基础，探讨了传统村落文化空间的结构、划分文化空间的生产维度，又以场景理论的方法实证了武陵山区二官寨的文化空间生产与价值生成的过

程。司培等对近20年来文化空间的研究方法做出总结，发现众多学者更多关注的是文化空间的保护和传承，而在其本身的特性和运作机制上缺乏深入的挖掘。敏承华等从历时和共时的角度对文化空间概念进行再次阐释。乌丙安深入研究《"宣布人类口头和非物质遗产代表作"计划》后提出要在国家层面加强文化空间的识别与认定，同时认为文化空间研究的基本路径可以以文化表现形式为核心，从时间和空间维度入手察看其实际的时间过程。向云驹提出，文化空间的性质与非物质文化遗产的定义有同一性，它也是非物质文化遗产的类型，其中主要的内涵价值包括：它是一个独特的地理区域，有独特的自然环境和范围，文化发生时需要人在场并且是人创造的文化。

方永恒等在探究少数民族村寨的公共文化空间功能和价值后，总结出这些空间体现了便民性、平等性、普惠性和人文性。陈富祥在对甘南藏族自治州文化遗产的分析后，强调文化空间对于少数民族村寨的地方文化和民族文化至关重要，扮演着不可替代的"生态功能"角色。于中兴对"传统村落"和"文化空间"等概念进行了梳理，通过对文化空间保护实践的探索，提出传统村落本身即为一种特定空间，不仅反映了村落空间文化特色，而且核心仍是人的文化活动，只有具备民间或传统活动，才能真正成为文化空间。朴京花等对少数民族非物质文化遗产的保护工作进行了分析，强调如果剥离其承载的主体、特定时空和村民的日常生活，非物质文化遗产将失去最初的文化含义，其生命力将无法实现。陈虹简明地概述了文化空间的概念，并明确指出，文化空间以多重形式存在，不仅仅是简单地将"文化"和"空间"结合，它体现了特定文化形式的时间和空间，可能是与该文化相关的民居建筑、文化习俗，或者是带有节日特色的活动、民俗等。

（二）传统藏族村落文化空间与非物质文化遗产相结合的研究

乌丙安认为，在非物质文化遗产的保护工作中，民俗文化具有至关重要的地位。然而，从第一批国家级非物质文化遗产名录的情况来看，更多地偏向了文化表现类遗产，却忽视了民间传统文化空间类遗产的保护，他建议将节庆、庙会等民族活动视为非遗保护的典型代表，纳入保护范畴。张博在探究非物质文化遗产保护时，强调了文化空间的重要性，他强调保护非物质文化遗产需要从文化空间入手，将保护范围扩展至该文化遗产的生存、发展和传承空间。崔旭从中国非遗保护的语境出发，对"文化空间"的一般概念和非遗专有概念进行了辨析。他以福建南音文化空间为实践案例，站在人类学的角度，深化了对"文化空间"的新解析。他强调，"文化空间"在"传统"的时间维度和"地方"的空间维度上不可拆解，这为文化空间提供了更深刻的理解。李银兵将文化空间划分为物理空间和社会空间，强调了在文化遗产传承中区分这两者的重要性。他指出，目前学界缺乏将文化空间与文化传承结合起来针对文化遗产的相关研究。将这两者有机结合，可以为非物质文化遗产的保护与传承提供更大的助力。

盖媛瑾等深入分析了黔东南雷山县郎德上寨苗族的"招龙节"历史与活动全过程，得出结论认为，作为传统村落公共文化空间的重要组成部分，"招龙节"蕴含丰富的内涵与价值。深入挖掘这些内涵与价值，能够为村落景区化进程中资源识别、规划设计和开发提供有力支持与凭借。李志农等以云南省迪庆藏族自治州德钦县的"奔子栏"锅庄活动节日公共文化空间为案例，指出在一个相对固定的时间内，完整真实且综合性地展示非物质文化遗产。这种特点使其成为非物质文化遗产传承的理想公共文化空间，并揭示了在现今少数民族乡村秩序构建中，内源性的公共文化空间具有重要意义。马宁等对西藏江孜县的国家级非物质文化遗产"达玛节"的展演过程进行了简要叙述，并分析了达玛节的文化空间。他们强调，文化表现有助于文化空间的延续，而"达玛场"正因为承载了达玛节，逐渐演变成为江孜县各族人民社交与知识传承的重要场所，实现了地方性知识的传承与延续。

在传统村落文化保护和传承方面，张行发等学者进行了深入分析。他们从遗产活化利用的角度出发，以保护为核心、合理利用、多方参与和乡土传承等原则为基础，提出了在物质文化遗产利用下推进传统村落保护和传承的有效路径。白佩芳在研究山西晋中地区传统村落的信仰文化空间时，采用了物质文化和非物质文化相结合的视角。她充分考虑了文化碰撞后信仰空间的融合特性，从而总结出了文化空间价值参考体系。此外，她还探讨了三种信仰文化空间的保护和发展模式，以推动传统村落规划建设迈出实质性步伐。

（三）藏族文化空间保护方法研究

于中兴研究分析了山东省章丘县朱家峪村传统村落在保护过程中遇到的实际问题，提出文化空间离开了非物质文化遗产内容，即使有外在物质，其内在活态的传统文化形式也不复存在，因此传统村落的保护挑战不仅在于防范文化空间的破坏，也在于传统村落其他非物质文化遗产的破坏。艾菊红在对西藏少数民族地区进行文化空间研究时提出，少数民族地区的非物质文化遗产应该跳出以民族为单位的非遗保护思路，采用区域性文化空间为单位进行思考，可以在文化空间的大环境中相互促进，从而得到一条可持续的保护之路。所萌在对迪庆民族文化生态保护区的分析与整合研究基础上，根据文化空间的特点以区域整体性保护方式的实践进行探索，提出了文化生态保护区是一个文化和环境相结合的时间与空间，建议作为一个全新的规划类型。

唐承财等利用CiteSpace软件通过对Web of Science数据库和中国知网数据库的文献从研究历程、研究方法和主要研究内容等维度分析了国内外传统村落的文化传承研究成果，得到未来可以深入研究传统村落文化传承研究的四个方向。吴浩浩等通过原型理论的方法对辰溪县五宝田传统村落的文化空间进行分析和设计应用实践，提出一系列传统村落文化空间保护的方法。高春凤针对传统村落公共文化空间的保护，分析出传统村落因为物质空间衰败、保护发展力度不足、传承主体流出，引发了传统与现代文化的隔离等问题，从而提出嵌入式更新保护利用、参与式多元主体协同介入、交融式价值整合创新发展的保护策略。史英静在分析了中国传统村落发展的起源以及发展过程后，提出三条可以供参考的传统村落保护发展的路线：以发展促进保护、多元素立体保护发展以及激发保护内生动力和文化的体验多样化。李月英探索了博物馆的属性与理念以及使命与内容，以云南省的非物质文化遗产保护传承为例，提出了以博物馆为核心的科学有效非物质文化保护体系的探索之路。张霖从非物质文化视角下，通过对陕北古村落文化空间的概念、古村落的环境、文化空间保护意义进行阐述，提出一系列文化空间的保护策略。

李朋瑶通过对成都古镇进行时间和空间两个维度的文化空间量化分析及节庆序列和物质空间分析，提出了古镇文化空间的保护框架。向宝云从文化空间理论视域下归纳中国传统村落文化空间面临的问题，考虑从发展独特性的文化空间、扩大村民话语权等方面探索传统村落文化空间的发展的新道路。杨晖等在文化空间视野下研究西南少数民族歌场时发现，少数民族歌场具有物理属性、文化属性和社会属性，但在社会变迁中出现过度行政化和商业化的现象，建议激发少数民族群体对民族传统文化的自豪感和自主意识，赋予群众传承和保护歌场文化的权益，做到还俗于民。

（四）文化空间发展利用方式研究

陈晓华从文化传承的视角出发，对传统村落文化的构成、空间、演进与传承、保护发展理论与方法、保护发展模式与路径、保护发展规划与管理等方面进行研究分析，归纳出我国传统村落保护发展研究的进展。贺一松等学者认为，文化振兴是乡村振兴的核心，通过探究农村传统公共文化空间的内涵和演变，他们得出结论，重构公共文化空间、促进乡村文化的再创造，是实现乡村全面振兴的基础问题。基于这一观点，他们进一步提出了重构农村传统公共文化空间的发展机制。

王登辉等学者对云南省怒江傈僳族自治州贡山独龙族怒族自治县翁里怒族传统村落的物质与非物质文化遗产进行了深入系统的分析。他们提出了以活态保护为基础，通过强化人居环境质量，以村落空间格局和建筑群为核心的整体性保护策略，以协调传统村落的保护与发展之间的平衡与矛盾。在乡村振兴战略的背景下，郑洲对西藏农村公共文化物理空间进行了综合阐述，并提炼出了该领域面临的挑战与困境。他充分考虑了藏族村寨乡村文化特色，提出了几个公共文化物理空间体系的构建路径选择。韦宝畏等学者探讨了延边朝鲜自治州图们市白龙村和水南村非物质文化遗产传承与物质空间及景观之间的供求关系。他们强调要立足于非物质文化遗产及其承载空间的保护实际，制定传统村落文化空间构建策略，从而实现三位一体的传统村落文化空间发展新格局。

方中恒等学者通过对云南省奔子栏藏族村寨的"拉斯节"文化空间功能进行分析，总结出我国民族村寨公共文化空间所面临的困境。同时，他们提出了具有现代化特性的少数民族公共文化空间功能建设建议，以促进这些空间在传统与现代之间的有机融合。范颖等以少数民族村寨文化空间作为文化振兴为研究视角，通过对西藏斗玉珞巴族乡村的实践，提出少数民族乡村要制定"一村一策"措施，在开发利用上必须挖掘民族地区乡村的核心文化资源，才能形成"一村一品"。周毓华等从羌族文化空间出发，详细介绍了天火坪、勒色坪、火塘屋、照楼台、芋初坝、议话坪等羌族非物质文化遗产文化空间，强调了其濒危后对羌族文化遗产的重要影响，据此从非物质文化保护的角度提出了对羌族文化空间的抢救和发展的策略。

（五）藏族文化空间的研究趋势

经文献积累结果可见，我国对藏族文化空间的理论性研究以及实例中保护方法的应用性研究已取得一定深入的研究成果，但仍有若干研究领域有待进一步补充和深化。具体而言，以下几个方面尚需关注：藏族文化空间的识别技术方面亟需深入探索，尤其对新技术和方法的应用仍有待进一步研究和拓展；对文化空间本身特性与运行机制的研究尚需深入推进，跨学科、综合性的交叉融合研究仍待进一步充实与加强；进一步探索跨领域合作模式，以促进不同学科之间在藏族文化空间研究方面的深入交流与合作；基于实际案例，进一步探讨文化空间保护与传承策略的有效性，以实现更为系统和全面的研究成果；引入社会、经济等因素，深化对藏族文化空间在综合发展中的作用和影响的研究。

四、西南地区藏族传统村落中的文化空间分布及特征

（一）西南地区藏族传统村落中的非物质文化遗产名录情况

西南藏族传统村落中的文化表现形式由于其特色鲜明与易识别性，从2006年以来，就被分期分批被收录进世界级、国家级、省级、市州级、县级等级别的非物质文化遗产名录。2009年和2018年分别有一项与藏族相关的非物质文化成功申报世界级人类非物质文化遗产代表名录，具体情况详见表1-2-1。

与藏族相关的联合国教科文组织非物质文化遗产目录表　　　表1-2-1

序号	名称	类型	列入年份	申报国家
1	藏戏	人类非物质文化遗产代表作名录	2009年	中华人民共和国
2	藏医药浴法——中国藏族有关生命健康和疾病防治的知识与实践	人类非物质文化遗产代表作名录	2018年	中华人民共和国

截至2023年2月，我国公布的国家级非物质文化遗产名录名单中，西南地区与藏族相关的共计134项，包括传统美术类、传统戏剧类、曲艺类、传统体育游艺与杂技类、传统医药类、民俗类、民间文学类、传统音乐类、传统舞蹈类等10个项目类别，具体情况详表1-2-2。

西南地区与藏族相关的国家级非物质文化遗产目录表　　　表1-2-2

序号	编号	名称	类别	类型	公布时间	申报单位或地区
1	Ⅰ-27	格萨（斯）尔	民间文学	新增项目	2006年（第一批）	内蒙古自治区
		格萨（斯）尔				四川省
		格萨（斯）尔				云南省
2	Ⅰ-110	嘉黎民间故事	民间文学	新增项目	2011年（第三批）	西藏自治区嘉黎县
3	Ⅱ-21	藏族拉伊（那曲拉伊）	传统音乐	扩展项目	2014年（第四批）	西藏自治区那曲地区
4	Ⅱ-115	藏族民歌（川西藏族山歌）	传统音乐	新增项目	2008年（第二批）	四川省甘孜藏族自治州
		藏族民歌（川西藏族山歌）				四川省阿坝藏族羌族自治州
		藏族民歌（川西藏族山歌）				四川省炉霍县
		藏族民歌（玛达咪山歌）				四川省九龙县
		藏族民歌（藏族赶马调）	传统音乐	扩展项目	2011年（第三批）	四川省冕宁县
		藏族民歌（班戈昌鲁）				西藏自治区班戈县
5	Ⅱ-131	工布扎念博咚	传统音乐	扩展项目	2021年（第五批）	西藏自治区林芝市
6	Ⅱ-138	佛教音乐（直孔噶举派音乐）	传统音乐	新增项目	2008年（第二批）	西藏自治区墨竹工卡县
		佛教音乐（觉囊梵音）		扩展项目	2011年（第三批）	四川省壤塘县
		佛教音乐（雄色寺绝鲁）			2014年（第四批）	西藏自治区曲水县

续表

序号	编号	名称	类别	类型	公布时间	申报单位或地区
7	Ⅲ-19	弦子舞（巴塘弦子舞）	传统舞蹈	新增项目	2006年（第一批）	四川省巴塘县
		弦子舞（芒康弦子舞）				西藏自治区
8	Ⅲ-20	锅庄舞（迪庆锅庄舞）	传统舞蹈	新增项目	2006年（第一批）	云南省迪庆藏族自治州
		锅庄舞（昌都锅庄舞）				西藏自治区
		锅庄舞（甘孜锅庄）		扩展项目	2008年（第二批）	四川省石渠县
		锅庄舞（甘孜锅庄）				四川省雅江县
		锅庄舞（甘孜锅庄）				四川省新龙县
		锅庄舞（甘孜锅庄）				四川省德格县
		锅庄舞（马奈锅庄）				四川省金川县
9	Ⅲ-21	热巴舞（丁青热巴）	传统舞蹈	新增项目	2006年（第一批）	西藏自治区
		热巴舞（那曲比如丁嘎热巴）				西藏自治区
		热巴舞		扩展项目	2014年（第四批）	云南省迪庆藏族自治州
10	Ⅲ-22	日喀则扎什伦布寺羌姆	传统舞蹈	新增项目	2006年（第一批）	西藏自治区
		羌姆（拉康加羌姆）		扩展项目	2011年（第三批）	西藏自治区洛扎县
		羌姆（直孔嘎尔羌姆）				西藏自治区墨竹工卡县
		羌姆（曲德寺阿羌姆）				西藏自治区贡嘎县
		羌姆（桑耶寺羌姆）			2014年（第四批）	西藏自治区扎囊县
		羌姆（门巴族拔羌姆）				西藏自治区错那县
		羌姆（江洛德庆曲林寺尼姑羌姆）				西藏自治区日喀则市
		羌姆（林芝米纳羌姆）				西藏自治区林芝县
11	Ⅲ-33	卡斯达温舞	传统舞蹈	新增项目	2006年（第一批）	四川省黑水县
12	Ⅲ-34	㑇舞	传统舞蹈	新增项目	2006年（第一批）	四川省九寨沟县
13	Ⅲ-39	山南昌果卓舞	传统舞蹈	新增项目	2006年（第一批）	西藏自治区
		卓舞（琼结久河卓舞）		扩展项目	2014年（第四批）	西藏自治区琼结县
		卓舞（热振曲卓）			2021年（第五批）	西藏自治区拉萨市
		卓舞（斯马卓）				西藏自治区日喀则市

续表

序号	编号	名称	类别	类型	公布时间	申报单位或地区
14	Ⅲ-68	博巴森根	传统舞蹈	新增项目	2008年（第二批）	四川省理县
15	Ⅲ-80	宣舞（古格宣舞）	传统舞蹈	新增项目	2008年（第二批）	西藏自治区札达县
		宣舞（普堆巴宣舞）				西藏自治区墨竹工卡县
		宣舞（札达卡尔玛宣舞）		扩展项目	2014年（第四批）	西藏自治区阿里地区
16	Ⅲ-81	拉萨囊玛	传统舞蹈	新增项目	2008年（第二批）	西藏自治区拉萨市
17	Ⅲ-82	堆谐（拉孜堆谐）	传统舞蹈	新增项目	2008年（第二批）	西藏自治区拉孜县
		堆谐（甘孜踢踏）		扩展项目	2014年（第四批）	四川省甘孜县
18	Ⅲ-83	谐钦（拉萨纳如谐钦）	传统舞蹈	新增项目	2008年（第二批）	西藏自治区拉萨市城关区
		谐钦（南木林土布加谐钦）				西藏自治区南木林县
		谐钦（尼玛乡谐钦）		扩展项目	2011年（第三批）	西藏自治区班戈县
19	Ⅲ-84	阿谐（达布阿谐）	传统舞蹈	新增项目	2008年（第二批）	西藏自治区比如县
20	Ⅲ-85	嘎尔	传统舞蹈	新增项目	2008年（第二批）	西藏自治区
21	Ⅲ-86	芒康三弦舞	传统舞蹈	新增项目	2008年（第二批）	西藏自治区芒康县
22	Ⅲ-87	定日洛谐	传统舞蹈	新增项目	2008年（第二批）	西藏自治区定日县
23	Ⅲ-88	旦嘎甲谐	传统舞蹈	新增项目	2008年（第二批）	西藏自治区萨嘎县
24	Ⅲ-89	廓孜	传统舞蹈	新增项目	2008年（第二批）	西藏自治区曲水县
25	Ⅲ-102	跳曹盖	传统舞蹈	新增项目	2011年（第三批）	四川省平武县
26	Ⅲ-105	协荣仲孜	传统舞蹈	新增项目	2011年（第三批）	西藏自治区曲水县
27	Ⅲ-106	普兰果尔孜	传统舞蹈	新增项目	2011年（第三批）	西藏自治区阿里地区
28	Ⅲ-107	陈塘夏尔巴歌舞	传统舞蹈	新增项目	2011年（第三批）	西藏自治区定结县

续表

序号	编号	名称	类别	类型	公布时间	申报单位或地区
29	Ⅳ-80	藏戏（拉萨觉木隆）	传统戏剧	新增项目	2006年（第一批）	西藏自治区
		藏戏（日喀则迥巴）				西藏自治区
		藏戏（日喀则南木林湘巴）				西藏自治区
		藏戏（日喀则仁布江嘎尔）				西藏自治区
		藏戏（山南雅隆扎西雪巴）				西藏自治区
		藏戏（山南琼结卡卓扎西宾顿）				西藏自治区
		藏戏（德格格萨尔藏戏）		扩展项目	2008年（第二批）	四川省德格县
		藏戏（巴塘藏戏）				四川省巴塘县
		藏戏（色达藏戏）				四川省色达县
		藏戏（尼木塔荣藏戏）			2011年（第三批）	西藏自治区尼木县
30	Ⅳ-170	巴贡（霞尔巴贡）	传统戏剧	新增项目	2021年（第五批）	西藏自治区日喀则市
31	Ⅴ-143	古尔鲁	曲艺	新增项目	2021年（第五批）	西藏自治区拉萨市
32	Ⅵ-43	赛马会（当吉仁赛马会）	传统体育、游艺与杂技	新增项目	2008年（第二批）	西藏自治区拉萨市
33	Ⅵ-83	藏棋	传统体育、游艺与杂技	新增项目	2021年（第五批）	四川省阿坝藏族羌族自治州
34	Ⅶ-14	藏族唐卡（噶玛嘎孜画派）	传统美术	新增项目	2006年（第一批）	四川省甘孜藏族自治州
		藏族唐卡（勉唐画派）				西藏自治区
		藏族唐卡（钦泽画派）				西藏自治区
		藏族唐卡（昌都嘎玛嘎赤画派）		扩展项目	2008年（第二批）	西藏自治区昌都县
		藏族唐卡（墨竹工卡直孔刺绣唐卡）				西藏自治区墨竹工卡县
		藏族唐卡（勉萨画派）			2011年（第三批）	西藏自治区
		藏族唐卡（郎卡杰唐卡）				四川省甘孜藏族自治州
		藏族唐卡（齐吾岗派）			2021年（第五批）	西藏自治区
		藏族唐卡（拉萨堆绣唐卡）				西藏自治区拉萨市
		藏族唐卡（康勉萨唐卡）				西藏自治区昌都市
35	Ⅶ-39	藏族格萨尔彩绘石刻	传统美术	新增项目	2006年（第一批）	四川省色达县

续表

序号	编号	名称	类别	类型	公布时间	申报单位或地区
36	Ⅶ-48	酥油花（强巴林寺酥油花）	传统美术	扩展项目	2011年（第三批）	西藏自治区昌都地区
37	Ⅶ-58	木雕（藏族扎囊木雕）	传统美术	扩展项目	2021年（第五批）	西藏自治区山南市
38	Ⅶ-64	藏文书法（德格藏文书法）	传统美术	新增项目	2008年（第二批）	四川省德格县
		藏文书法（尼赤）		扩展项目	2014年（第四批）	西藏自治区
39	Ⅶ-106	藏族编织、挑花刺绣工艺	传统美术	新增项目	2011年（第三批）	四川省阿坝藏族羌族自治州
40	Ⅶ-115	彩砂坛城绘制	传统美术	新增项目	2014年（第四批）	西藏自治区日喀则市
41	Ⅷ-21	藏族邦典、卡垫织造技艺	传统技艺	新增项目	2006年（第一批）	西藏自治区山南地区
		藏族邦典、卡垫织造技艺				西藏自治区日喀则地区
42	Ⅷ-47	拉萨甲米水磨坊制作技艺	传统技艺	新增项目	2006年（第一批）	西藏自治区
43	Ⅷ-69	藏族造纸技艺	传统技艺	新增项目	2006年（第一批）	西藏自治区
44	Ⅷ-80	德格印经院藏族雕版印刷技艺	传统技艺	新增项目	2006年（第一批）	四川省德格县
		藏族雕版印刷技艺（波罗古泽刻版制作技艺）		扩展项目	2008年（第二批）	西藏自治区江达县
45	Ⅷ-88	风筝制作技艺（拉萨风筝）	传统技艺	新增项目	2006年（第一批）	西藏自治区拉萨市
46	Ⅷ-98	陶器烧制技艺（藏族黑陶烧制技艺）	传统技艺	新增项目	2008年（第二批）	四川省稻城县
		陶器烧制技艺（藏族黑陶烧制技艺）				云南省迪庆藏族自治州
47	Ⅷ-101	毛纺织及擀制技艺（藏族牛羊毛编织）	传统技艺	新增项目	2008年（第二批）	四川省色达县
48	Ⅷ-120	藏族金属锻造技艺（藏族锻铜技艺）	传统技艺	新增项目	2008年（第二批）	四川省白玉县
		藏族金属锻造技艺（藏族锻铜技艺）				西藏自治区南木林县
		藏族金属锻造技艺（藏刀锻制技艺）				西藏自治区拉孜县
		藏族金属锻制技艺（扎西吉彩金银锻铜技艺）		扩展项目	2011年（第三批）	西藏自治区日喀则地区

续表

序号	编号	名称	类别	类型	公布时间	申报单位或地区
49	Ⅷ-124	民族乐器制作技艺（扎念琴制作技艺）	传统技艺	扩展项目	2014年（第四批）	西藏自治区拉孜县
50	Ⅷ-141	藏香制作技艺	传统技艺	新增项目	2008年（第二批）	西藏自治区尼木县
		藏香制作技艺		新增项目	2008年（第二批）	西藏自治区墨竹工卡县
		藏香制作技艺（敏珠林寺藏香制作技艺）		扩展项目	2021年（第五批）	西藏自治区山南市
51	Ⅷ-153	晒盐技艺（井盐晒制技艺）	传统技艺	新增项目	2008年（第二批）	西藏自治区芒康县
52	Ⅷ-186	藏族碉楼营造技艺	传统技艺	新增项目	2008年（第二批）	四川省丹巴县
53	Ⅷ-199	藏族矿植物颜料制作技艺	传统技艺	新增项目	2011年（第三批）	西藏自治区拉萨市
54	Ⅷ-264	擦擦制作技艺（拉萨擦擦制作技艺）	传统技艺	新增项目	2021年（第五批）	西藏自治区拉萨市
55	Ⅷ-285	传统帐篷编制技艺（巴青牛毛帐篷编制技艺）	传统技艺	新增项目	2021年（第五批）	西藏自治区那曲市
56	Ⅸ-9	藏医药（甘孜州南派藏医药）	传统医药	新增项目	2006年（第一批）	四川省甘孜藏族自治州
		藏医药（拉萨北派藏医水银洗炼法和藏药仁青常觉配伍技艺）				西藏自治区
		藏医药（藏医外治法）		扩展项目	2008年（第二批）	西藏自治区藏医学院
		藏医药（藏医尿诊法）				西藏自治区山南地区藏医院
		藏医药（藏药炮制技艺）				西藏自治区藏医院
		藏医药（藏药七十味珍珠丸配伍技艺）				西藏自治区藏药厂
		藏医药（藏药珊瑚七十味丸配伍技艺）				西藏自治区雄巴拉曲神水藏药厂
		藏医药（藏医骨伤疗法）			2011年（第三批）	云南省迪庆藏族自治州
		藏医药（山南藏医药浴法）			2014年（第四批）	西藏自治区山南地区
		藏医药（索瓦日巴——藏医有关生命、健康及疾病的认知与实践）			2021年（第五批）	西藏自治区
		藏医药（藏医脉泻杂炯疗法）				西藏自治区那曲市

续表

序号	编号	名称	类别	类型	公布时间	申报单位或地区
57	X-31	雪顿节	民俗	新增项目	2006年（第一批）	西藏自治区
58	X-79	江孜达玛节	民俗	新增项目	2008年（第二批）	西藏自治区江孜县
59	X-113	藏族服饰	民俗	新增项目	2008年（第二批）	西藏自治区措美县
		藏族服饰				西藏自治区林芝地区
		藏族服饰				西藏自治区普兰县
		藏族服饰				西藏自治区安多县
		藏族服饰				西藏自治区申扎县
60	X-121	藏族天文历算	民俗	新增项目	2008年（第二批）	西藏自治区
61	X-131	藏历年	民俗	新增项目	2011年（第三批）	西藏自治区拉萨市
62	X-145	望果节	民俗	新增项目	2014年（第四批）	西藏自治区

其中如分布于四川省甘孜藏族自治州的炉霍县等地和阿坝藏族羌族自治州的马尔康、金川县等地方的藏族国家级非物质文化遗产——"藏族山歌"（川西藏族山歌），是一种纯民歌的形式。本是藏民们在农耕或放牧活动过程中为抒发情绪而即兴做的歌。山歌传承没有固定的师徒关系、亲戚关系，属于大众传承类。又如流行于藏族聚居区的传统舞蹈——"锅庄舞"，国家级的"锅庄舞"也因各地区的差异分为7类锅庄舞：迪庆锅庄舞、昌都锅庄舞、玉树锅庄舞、甘孜锅庄舞、马奈锅庄舞、称多白龙卓舞、囊谦卓干玛。每种锅庄舞在表演舞蹈动作与所配歌曲上有些区别，但是舞蹈的大意都是表达藏族人民对天地万物的敬重、对美好生活的向往与祝福。又如藏族国家非物质文化遗产——"江孜达玛节"，相传开始于江孜地区，该节日一直在西藏自治区江孜地区藏族村寨中传承延续。"达玛"的藏语意思是"跑马射箭"，而在藏族人民心中认为，奔腾的马匹能将人们过去一年中的晦气都带走，转而迎来全新的美好生活，因此在达玛节中，参与和观赏赛马就成为整个节日中的重头戏（图1-2-1）。

图1-2-1 丹巴锅庄舞（来源：丹巴县文体广电新闻出版局）

（二）藏族传统村落中的文化空间

藏族传统村落的文化空间作为非物质文化遗产的重要承载体，正逐渐成为学术界关注的核心议题。近年来，越来越多的理论研究和实践规划集中于传统村落文化空间的深入研究。这些研究包括通过个案分析追踪传统村落文化空间的保护与传承，深入考察文化空间的特征和内涵，以及从遗产保护的视角探讨文化空间的分类、演变、发展以及未来趋势的预测等诸多方面。这些努力不仅有助于加深对传统村落文化空间的认识，更能为其持续的保护和传承提供实质性的支持。

西南地区的藏族传统村落因其独特性而备受瞩目，藏族人口主要集中在西藏自治区、四川省甘孜藏族自治州、四川省阿坝藏族羌族自治州以及云南迪庆藏族自治州。这些地方的藏族传统村落展现了更加典型的民族特色，承载了丰富多彩的非物质文化遗产表现形式。在这些传统村落中，文化空间作为物质文化遗产和非物质文化遗产之间的纽带，成为历史文化遗产鲜活呈现的关键要素。

每一种非物质文化遗产在藏族传统村落中的表现形式都紧密依赖于对应的村寨文化空间，这种文化表现形式的活动组织自然而然地将不同文化空间地段和时段联系在一起，形成了空间性和时间性的独特特点。例如，在四川省甘孜藏族自治州丹巴县的嘉绒藏族村寨，省级非物质文化遗产"成人仪式"伴随着各种民俗活动，如"梳头""墨郎""跳锅庄"等，这些活动需要在特定的文化空间地段内进行。这不仅展现了文化空间的地域限定性，也呈现出活动时间的规律性。因此，村寨的"文化空间"既包括空间属性，又涵盖时间属性。在时间属性方面，往往容易忽略文化空间所涉及的时间规律变化；而在空间属性方面，文化空间所涉及的区域往往是村寨整体保护中最为敏感的部分。这使得文化空间成了村寨保护工作中不可或缺的关键因素。

第二章
民族特色村落的文化空间识别技术要点

第一节　藏族传统村落中的文化空间识别目标

一、确定藏族传统村落文化空间清单

确定村寨文化空间的清单，是文化空间识别的首要目标，清单内容需要反映每个文化空间单元的编号、名称和地点，同一类文化空间单元如果分布在不同位置，则视为不同的文化空间单元。

二、确定藏族传统村落文化表现形式清单

确定村寨文化表现形式的清单，是文化空间识别的重要基础目标，该清单应包括官方公布的各级非物质文化遗产名录、调研过程中发现的具有文化表现形式特点的活动等，清单内容需要反映每个文化表现形式的编号、名称、名录等级。

三、定位藏族传统村落文化空间单元的空间位置

采用建筑学的图纸工作方法，将每个文化空间单元的空间定位同时表达在平面底图和倾斜摄影底图上，标注其相对位置。

四、匹配藏族文化空间单元与文化表现形式的对应关系

将村落文化空间单元与文化表现形式进行双向匹配，形成一对多、多对多的连线关系，单一文化空间单元可对应多个文化表现形式，单一文化表现形式也可以对应多个文化空间单元。

五、甄别藏族文化空间单元的时空属性及濒危倾向

对每一项文化空间单元进行时空属性的甄别，空间属性方面，需判断文化空间单元的空间分布特征及地段倾向；时间属性方面，需判断文化空间单元的活动规律及变迁倾向；同时，需结合时间和空间属性的综合分析得出文化空间单元是否处于濒危状态。

第二节　民族特色村落中的文化空间识别程序及规程

一、村落文化空间单元认定阶段

在文化空间单元认定阶段，需要达成两个关键目标：确定村寨文化空间单元的清单以及村寨文化表现形式的清单。核心使命在于通过三个线索构建民族村寨历史文化空间认定的基础参考数据集合。其中，线索一涉及官方文件集合，如中华人民共和国中央人民政府网站发布的国家非物质文化遗产代表性项目名单、法律法规，各级政府地方志办公室发行的地方志，以及经过批准的规划文本等；线索二则包括田野调查所得的资料集合，如村民口述史、现场影像、图片和音频资料等；线索三涵盖外部资料集合，包括了解该村情况的专家口述史、职能管理部门的介绍资料、相关公开出版物资料以及媒体报道等。

通过上述三个线索获取的综合资料，需要进行交叉验证，以形成村寨文化空间和文化表现形式的初选名单。鉴于资料获取过程中可能存在部分错误、遗漏或误差，此阶段需要安排志愿者进行认知验证测试。这些志愿者将从村民、专家、非遗公职人员和访客中随机选取，采用德尔菲方法开展认知验证测试。德尔菲方法，也被称为专家意见调查方法，实质上是一种反馈式匿名专家咨询方法。其一般流程包括首先征求专家学者对需要预测情况的看法，然后通过收集、综合和统计意见，匿名将结果反馈给各专家学者，再次征求意见，经过集中和反映，最终获得一致意见。通过这样的过程，最终将得到确定的村寨文化空间和文化表现形式清单。

二、村落文化空间属性甄别阶段

村寨文化空间属性甄别阶段，是在文化空间和文化表现形式清单认定的基础上，从空间和时间两个维度对所有文化空间单元进行逐项甄别。分空间和时间两个模块展开，空间属性模块需判断四组空间分布的相对特征：开放或封闭、单点或多发、边界清楚或模糊、位于中心或边缘分布；时间模块需判断四组关于文化活动的相对状态特征：规律或随机、高频或低频、稳定或变化、现实或记忆状态。两个模块八组数据的分析，可得出文化空间单元的精确地点、文化空间与文化表现形式的匹配关系、文化空间的空间分布特征、文化空间所承载的文化活动的规律特征、文化空间是否处于濒危状态等。值得强调的是，在这一阶段的识别成果需要对各项时空属性开展定性的逻辑性交叉验证，去伪存真（图2-2-1）。

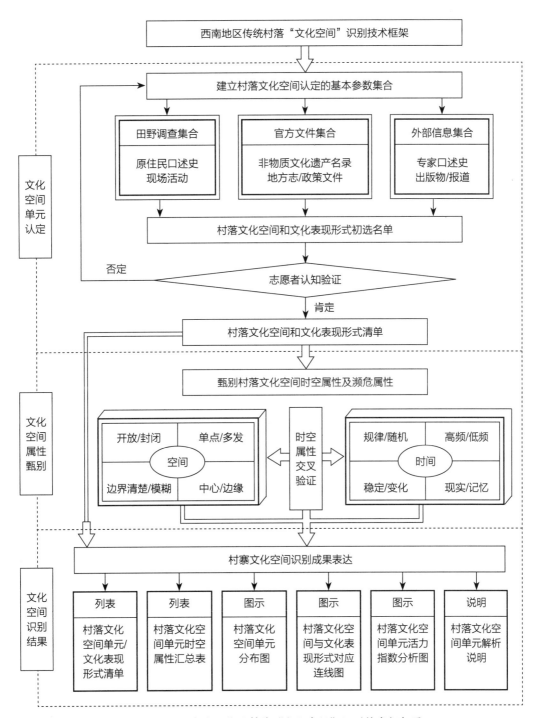

图2-2-1 西南地区传统村落"文化空间"识别技术框架图

三、村落文化空间识别成果表达阶段

村落文化空间识别结果表达阶段，该阶段主要是对上述两个阶段的识别结果开展综合性的成果表达，主要包括三个方面的内容：图示、列表、说明，根据分项成果的性质进行综合表达（表2-2-1）。

村落文化空间识别成果构成及规范表　　　　表2-2-1

序号	成果名称	形式	文件格式	基本内容
1	村落文化空间单元清单	列表	word	表述文化空间单元的编号、名称、位置信息
2	村落文化表现形式清单	列表	word	表述文化表现形式的编号、名称、名录等级
3	村落文化空间单元平面分布图	图示	jpg	表达各项文化空间单元的空间分布位置，底图采用村寨正射航拍图或地形测绘图
4	村落文化空间单元与文化表现形式对应连线图	图示	jpg	表达文化空间单元与文化表现形式的活动发生匹配关系，采取阵列连线图的形式
5	村落文化空间单元活力指数分析图	图示	jpg	表达各文化空间单元的活跃度，采用柱状分析图、饼状图等
6	村落文化表现形式解析说明	说明	word	表述各文化表现形式的详细信息，如名称、类别、名录批次、公布时间以及做对应的文化空间等
7	村落文化空间单元解析说明	说明	word	表述各文化空间单元的详细信息，如名称、地点、所承载的文化表现形式、活跃度等

第三节　民族特色村落中的文化空间识别方法

一、现场研究法

现场研究法是村落文化空间识别的基石，研究者必须亲临村落现场，亲身踏勘以获取第一手资料，主要运用现场观察研究法和现场调查研究法。这两种方法在文化空间的识别和时空属性辨析的两个关键阶段都是必不可少的，其中包括现场观察研究法、现场调查研究法以及田野调查法三种类型。

现场观察研究法针对文化空间变量关系尚不明朗的情况，主要用于研究者实地进入村落，进行翔实的观察，并与村民进行深入交谈，以获得三类信息：第一，关于村落文化空间的偶发和历史事件的信息；第二，关于文化表现形式相关频次分布的信息，例如参与人数；第三，有关村落基本信息中普遍认知和惯常规定的内容。

现场调查研究法主要用于研究者实地搜集实际资料，推荐采用雪球取样模式，即在一个脉络中不断扩展取样，以获取更为丰富的现场数据。在此过程中，需要充分结合建筑学的图纸工作方法，将所获信息以图示语言的形式呈现。

田野研究法源自文化人类学和考古研究学的基本方法，适用于研究者可以在村寨中停留一段时间展开调查的情况。研究者可以通过参与村民的生活，亲身体验村寨的日常生活和思维，记录下各个方面的细节，从而获取关于文化空间和文化表现形式的重要线索。

二、访谈调查法

访谈研究法是在村落文化空间识别研究阶段的主要方法之一，采用口头讨论的多种形式，通过被询问者的回答获得大量客观准确、不带偏见的文化空间历史事实资料。在这一过程中，需要从不同类型的人员那里获取不同类型的信息，同时要对不同访谈对象的资料相互验证以进行后期分析。在文化空间识别的过程中，可以灵活地进行公开或非正式的采访，逐一采访或个别访谈，也可以召开小型讨论会或进行集体访问。主要采取的是结构化访谈方式，按照文化空间及文化表现形式的指向线索进行展开，并辅以问卷或调查表的形式。

在访谈过程中，访员进行引导性访谈，主要目的是从受访者那里引导出情况或意见。整体流程如下：首先制定采访提纲；然后进行正确的询问，以获取准确的相关信息；同时正确地记录采访笔记、录音或摄影，以便后续分析和归纳。通过这种方法，能够获取真实、全面的文化空间史实资料，为识别研究提供有力支持。

三、信息收集法

信息收集法是确立村落文化空间基本参数集合的关键方法，通过多种途径获取文化空间的线索。收集原则包含准确性、全面性和时效性。主要过程包括制定信息采集计划、制定信息采集提纲和图表、确定数据收集形式和手段，以及呈交数据收集结果。

资料采集的范围包括本身信息范围和环境信息范围。本身信息范围涵盖事件内涵特点；环境信息范围则涵盖事件周围与其有关的信息内涵特点。

信息收集的内容围绕两大非物质文化遗产类型展开，即文化表现形式和文化空间。同时还应搜集村寨的基本信息以及其他相关特征信息。

信息采集的地域范畴分为两类：首先是村落居民点范围，作为文化空间定位点的限定区域；其次是村落所在的乡、县市、省份和国家，作为文化表现形式的影响范围。资料源分为实物型、文书型、电子式和网络资料源。

四、数理统计法

数学统计法一般适用于文化的时空特征甄别分析方法，重点探讨了文化空间的表现形式随机事件中部分和总体间、各有关要素间互相关系的变化规律，并通过抽样的平均数、准则差、准则误、变异系数率、均方、试验判断、相关性、回归、聚类分析、判别分析方式、主成分分析、正交试验、模糊数学和灰色分析方法等研究有关统计变量的方法，来对文化空间数据展开相应的分析方法，据此得出文化空间的活跃度、濒危特性等。这里，最重要的就是聚类分析技术，综合利用不同变量的数据对划分方法进行排序；首先将不同的空间或单元对象分别作为类，然后再按照差异大小的原理，分别选择一种划分方法，并形成一种类别。假设当中一种类别对象已归入第一类，则把另一种也归入该类；而假如某个类别对象恰好处于所归的二类中，则将该二类并为第一类。每一种归并中，均划去了该类对象所属的一列大小和次序都相同的行。

五、德尔菲法

德尔菲法实际上是一种匿名反馈式函询方法。其主要流程如下：首先对所有需要预测的问题向专家学者征求意见，随后进行整理、综合和计算，将匿名回复以共同意见形式传达给各专家学者，再次征询共识意见，进行集中讨论，反复迭代，直至达成共同观点。

作为一种集体匿名思想交流的方式，德尔菲法在文化空间初步名单拟定阶段应用于志愿者认知验证。在确保隐私保护、多方参与和数据解释的一致性前提下，该方法将第一轮开放性调查与现场研究并行进行。在第二轮评价型调查中，已纳入现场研究所得的文化空间数据，专家们能够在第三轮重审调查和第四轮复核调查中全面阐述他们的观点。

第三章
丹巴县莫洛村藏族传统村落基本情况

第一节 莫洛村基本情况

一、莫洛村概况

莫洛村位于丹巴县东面的梭坡乡境内,地理坐标为东经101°55′,北纬30°51′,海拔高度在1900~2000米,年平均气温13.6℃,地处典型干旱河谷地带。村寨被三面群山环绕,一侧毗邻大渡河,地势自东北向南倾斜,为高山峡谷地貌。南临康定县城,北至梭坡乡左比村,东界梭坡乡东风村(已合并),西连八俊村,距离丹巴县城5千米,交通便利。村域面积约20平方公里,全村有69家农户,人口257人,村民以藏族为主,少量汉族杂居,莫洛村藏族属嘉绒支系,语言以属于康方言的地方土话为主。村民以传统农业为主,藏区称这地区的藏民为"绒巴"(农区人),林果经济有一定的基础,辅以少量的多种经营,村内仍保留了相当完整的嘉绒藏族传统民居建筑和民俗风情(图3-1-1)。

莫洛古村坐落在梭坡乡,曾是"夏孟杰吉补"故都所在地。大约在中唐时期,古东女王为了避开唐、蕃两大强国的争夺,选择来到梭坡乡,将都城建在孟扎古。而莫洛村内的古碉,在《后汉书·西南夷传》中早有记载:"依山居止,垒石为室,高者十余尺,谓'邛笼'"。

图3-1-1 莫洛村全景

丹巴莫洛藏寨碉群是中国藏族地区独特的大型古代建筑聚落，是中国两千多年来至今尚存的"邛笼"的实实在在的见证。这些古碉依托藏寨而兴起，而藏寨也因这些古碉而保留下来。两者交融共生，形成了有机的整体，创造出世界罕见的、饱含浓郁藏族文化特色的设防民居聚落。

莫洛村拥有典型的高山峡谷地貌，境内包含了神山、草甸、神树林、寺庙、村落等多元文化景观元素，成为了集中展现丹巴境内碉楼建筑、自然风光、传统文化的代表性区域。作为丹巴县嘉绒藏族高原立体农业文化景观的典型代表，莫洛村展示了浓厚的民族文化魅力。

莫洛村寨以村寨中部一颗古柏树为界，分为上寨和下寨两个部分（图3-1-2）。村寨的民居建筑星罗棋布地分布在郁郁葱葱的绿荫缓坡上，房屋朝向基本一致，错落有致，沿着缓坡平行等高线布局，有的成群聚集，有的独立分布。莫洛村的藏寨民居由地面碉房和半开敞的地下畜圈相结合，围绕着石砌的矮墙形成院落。这些藏楼多以当地的天然石块和黄泥砌筑而成，通常有三至五层楼高，每层之间使用大圆木作为梁，上面铺设小圆木和劈木等。墙角上悬挂着经幡，墙角顶部还有白色的小石塔，象征着村民的传统崇拜图腾。

2005年9月，莫洛村被国家建设部和国家文物局列为第二批中国历史文化名镇（村），是四川省第一批被列入该名录的村寨之一；2006年丹巴古碉群被国务院公布列为全国文物

图3-1-2　莫洛村上下两寨分界的柏树

重点保护单位；2012年12月莫洛村被住房和城乡建设部、文化部和财政部列入第一批中国传统村落名录；2017年3月被国家民族事务委员会列为中国少数民族特色村寨；2021年1月被四川省住房和城乡建设厅选为四川省第三批最美古镇古村落。

二、历史沿革

莫洛村位于丹巴县梭坡乡政府所在地，根据《丹巴县志》记载，莫洛村在历史上属于康巴文化圈，曾为明正土司鲁密章谷十七土百户的辖地（通称为二十四村的范围）。嘉绒一词意为"女王的河谷"，在古时属于东女国的管辖地区。先秦时期，这片土地主要由西羌南下时留下的羌人组成。唐朝时期，随着松赞干布的征战，其军队、奴隶以及之后的吐蕃移民与当地居民融合，共同定居并共享生活。这一融合形成了具有共同心理素质和文化特色的独特地域族群，即藏族—嘉绒藏族。

明朝时期，土司制度对这一地区进行了管理，莫洛村也位于明土司二十四村的辖区内。这一制度在莫洛村至今仍有迹可寻。清朝时期，经过大小金川战役，一些掌握了农业生产技术和耕作技能的羌人和汉人迁入此地，他们不仅带来了先进的生产技术，还将不同的文化融入了这一地区。在外来文化因素的影响下，当地的生产方式和生活方式不断发生变化。在这种影响下，畜牧业、半牧半农和农耕业的生产方式逐渐固定下来，形成了相对稳定的经济生活形态。

历史时期，莫洛村与同处于一面山坡的自上而下分别为纳依村、八梭村、左比村，它们属于同一个寨子的范围之内。莫洛村最初位于山坡下方，靠近大渡河边缘，形成了一个环形冲积扇。虽然环境优美，水草丰茂，但在当时是否有人居住尚待考证。然而，莫洛村所在山坡上形成了独特的经济文化生活圈。人们几乎完全内部流动（尤其是婚姻内部流动），虽然与川西高原外部地区交往较少，但会通过大渡河和陆路与周边地区保持联系。

随着经济文化交流及周边地区的持续互动，莫洛村不断适应外界变化而发展壮大。今天的莫洛村已经成为一个稳定的行政村，汇聚了若干自然村的历史沿革。优越的地理位置和良好的自然条件为莫洛村的发展创造了有利条件，同时也留下了丰富的历史文化遗产。封闭的地理环境有助于保护莫洛村的传统文化，使其得以保留至今。

三、村落选址与格局

莫洛村坐落于大渡河畔，依托戈马山山坡台地，呈现出"东西长，南北窄"的地理格局。村寨北、东、南被卓戎山和宋子山环绕，前方是大渡河蜿蜒而过，与宋达村蒲角顶隔岸相望，展现出风水学"藏风聚气"的奇妙构造。整体地貌为高山峡谷，按海拔高度从高至低依次布局："神山—祭祀场所/公共活动场地—古碉藏寨—河谷"，这形成了丹巴县嘉绒藏族高原独特的立体景观。

村寨依河而发展，带动了沿河一带的扩张。一是利用了河流的大水流量，形成了交通枢纽，兼顾水上交通和人员往来的功能；二是利用了河流的天然阻隔作用，即使遭受外敌侵袭，也能够依靠河流的水路逃离战乱，这种天然保护屏障却也使村寨容易受到洪水、泥石流等灾害的影响。除了大渡河，段家沟也从莫洛村中央穿过，这表明水系对选址产生了影响。这与当地居民从事农业种植需要灌溉的需求密不可分。此外，丹巴地区历史上战事频繁，大渡河还能够为莫洛村提供一道天然的防护屏障。

莫洛村的选址充分考虑地势条件。由于山坡陡峭、平地有限，构建紧凑的建筑环境布局相当具有挑战性。因此，村民在建造居住建筑时，常常依照等高线规划，将不适宜农耕的坡地改造成台地，有序地修建房屋。

莫洛村以村寨中部一棵古柏树为界，分为上、下两寨。

（一）莫洛村上寨

地理位置处于整个村落的最高点，同时又位于缓坡的向阳山坡，形成了山腰缓坡型布局。在这个区域内，三座碉楼作为中心，集中布置。从对岸的河边观望，这几座高耸的碉楼屹立在组团的上部，在空间上巧妙地控制着整个区域，因此，从内部结构来看，呈现出向心分布的特点。虽然以碉楼为核心，但单体建筑并没有紧密排列，相互之间保持较大的间距。空间布局也并非紧凑，建筑根据地形变化灵活布局，创造了多样的空间形态。整个组团内的建筑呈现出一种松散的状态，但单体建筑之间仍保持一定的内在联系，暗示出共同体内个体的存在方式，即在保持一定的中心和内聚性的同时也保留着独立个性。

该区域的道路系统设计清晰明了，有两条环状道路顺着等高线而下。此外，这里拥有六座碉楼、两个商业店铺以及公共服务设施，包括篮球场和活动室。整体而言，莫洛村上寨区域展现出一种丰富多样的空间特点，将碉楼群作为文化中心，以其独特的布局和内在联系凝聚着村落的活力和共同精神。

（二）莫洛村下寨

莫洛村的下寨区域分为两个独特的部分，分别是村口的组团和断家沟组团（图3-1-3）。村口的组团位于大渡河北岸，地理位置上呈现山谷河岸的特点。这个区域内的民居和公共活动空间都分布在沿着山谷平行的河道两侧，因此从内部结构来看，呈现出带状分布的格局。这种布局在自由松散的基础上逐渐形成了街巷式的带型组合形态。整个区域从村口北起，延伸至段家沟南端，整体结构简洁而狭长。一条主街式的干道自北向南贯穿，道路系统简明有序，主次等级分明。这个区域由村委会进行统一规划，村民自主建设，整体形态相对规整，建筑单体布置在统一性和自由性之间。在这里，没有碉楼，也没有公共服务设施，商业网点稀少，仅有两家个体商业店铺。

断家沟组团位于村口的组团南侧尽端上方，早期民居沿着沟呈带状布置，然而因频繁的山洪破坏，居民逐渐迁移，最终在原地块上方高地安家，形成了现在的沟口离散民居组团。从选址角度来看，该区域属于山腰缓坡型。由于该组团缺乏明确的中心和骨架，单体建筑并不紧密排列，间距较大。民居依据基本条件自由布置，相互之间少有制约或连署，在地形变化的引导下形成了灵活的空间布局。整个组团呈现出一种松散的状态，内部结构分属于离散型分布。在这个区域内，没有明确的主干道，道路随地势自由展开，如树枝一般通向各个家庭，形成交错发散的网状道路。空间结构也不紧凑，随着山势变化，内部环境呈现出疏密交错的格局。整个区域有两座碉楼，也没有公共服务设施，商业店铺稀少。而在大渡河边，有一座自布寺和红军纪念碑，为这片区域增添了一份特殊的历史氛围。

图3-1-3　莫洛村选址格局分析图

四、地域文化环境

(一)宗教文化

丹巴县内涵盖了苯波教、宁玛教派和格鲁教派这三大宗教流派。其中,苯波教在该地区影响范围最为广泛。苯波教,又被称为"黑教",源自藏区本土的原始宗教,是"灵气萨满教"在藏区的地方形态,以"己"雍中为苯波教的象征。根据藏文史料的记载,苯波教起源于西藏的阿里地区(古称象雄),后随着教派的发展沿着雅鲁藏布江传播至整个藏区。目前,梭坡乡内有三座苯波教寺庙,其中莫洛村的自布寺便是其中之一。苯波教是村落内最古老、最原始的宗教,其崇拜对象包括了天地、日月、星辰、山川、草木、土石等自然物。

苯波教将世界划分为三个层次,在莫洛村民居建筑的立面装饰中也有所体现。民居外墙上绘有红、黄、黑三条色带,分别象征着天、地和地下。在对自然界的崇拜中,尤其崇敬山与石。村落内的藏民将墨尔多山视为神圣的山峰,被认为是苯波教的主要场所,也是佛教的圣地,更是嘉绒文化的核心和发源地。除此之外,村落周边的诸多山脉也被视为神山,从北至南依次为吉姆日达神山、日巴龙神山、米日神山、阿初哲呷神山、贡黑神山、泽呷神山、阿米热角神山、乐雅神山、松日神山、雅这神山。这些神山分布在大渡河的两岸,海拔在3500~4000米,东侧靠近邛崃山脉,而西侧位于邛崃山和大雪山之间,东侧的海拔相对较高。此外,藏族有转山的习俗,当地藏民认为转山会带来家庭和亲人的好运,因此每年的4月15日,当地藏民会进行转山活动。此外,藏民还会在房屋建筑的门框或屋顶上堆放白石,作为山神的象征来供奉,以祈求家宅的吉祥和安宁。

(二)土司文化

土司,是对某一部落或特定地区的统治者的称谓,其权力涵盖军事、治理、经济等大范围,是中国封建社会在西南部分少数民族地区采用的世袭官职制度。这一制度起源于元代,是旧社会用以统治少数民族地区的一种政治体制,旨在联络各土著民族首领。据县志记载,丹巴在战国时期归属于蜀国管辖;汉朝时属于西羌地区;隋朝时期被划为嘉良夷;明代县域的一部分(包括中路和梭坡乡)由西安行都指挥使管辖,另一部分归金川寺演化禅师治理;永乐五年(1407年),牦牛河与大渡河流域被划归长河西、渔通、宁远宣慰司;清康熙年间,归属于明正土司的密鲁章谷十七土百户回归河西、渔通、宁远宣慰司管辖,丹东、革什扎河流域以及现今道孚部分地区由丹东革什扎安抚司管理,巴底、巴旺、聂呷归巴旺安抚司管辖,后巴底的辖区划归巴底宣慰使司;乾隆年间,清王朝两次出兵金川,开始推行"改土设屯",在现今县域范围内设立了章谷屯(现位于章谷镇一带);1837年,基于原有的章谷屯辖区,清王朝调整了明正、革什扎、巴底、巴旺土司的辖区,划归章谷屯管辖，这一调整基本上构成了未来设县区域的初步框架；1911年，"改土归流"政策实行，将革什扎、巴底、巴旺土司以及明正土司辖区的十七土百户合并为一个县，即丹巴县。梭坡乡境内原有鲁米普工碟、鲁米梭布和鲁米达则三个土百户，分别统领蒲角顶、梭坡和丹扎三地。莫洛村的传统民居因自然分布的原因，主要位于丹扎片区，仅有少部分位于梭坡片区。

（三）嘉绒藏族文化

莫洛村村落内主体民族为嘉绒藏族，主要分布于丹巴、宝兴、金川、马尔康、小金等地。嘉绒这个词源于嘉莫墨尔多神山和嘉莫恩曲（大渡河），指的是莫尔多神山周边地区。也有一种解释认为"嘉莫"指女王，据传唐代时该地区属于东女国，"查瓦绒"则表示河谷，两者合起来即是"女王的河谷"。嘉绒地处低海拔的干热河谷地带，土地肥沃，交通便利，因此成为嘉绒藏族农区民众的主要居住地。丹巴县最富有特色的历史和文化资源主要分布在县内大小金川沿岸以及大渡河流域沿岸。莫洛村位于大渡河的北岸，独特的地理位置、自然环境和社会文化氛围，共同孕育了丰富的嘉绒藏族文化。

（四）红色文化

丹巴县曾是红军长征途中驻留时间较长的重要站点，延续了整整一年的时间。在这段历史时期，红军战士与反动势力展开了艰苦卓越的斗争，书写了壮丽的英勇事迹，留下了众多的战争遗址，丰富了这片土地的红色旅游资源。莫洛村境内，大渡河的河滩上耸立着一座红军长征纪念碑。据传，当年红军面对大渡河，以泸定县为中心，分成两路进行渡河，一支英勇地强渡大渡河，另一支则仅倚仗两艘木船顺利渡过，这片历史河滩如今成为丹巴县进行革命传统教育和爱国主义教育的重要场所。

第二节 莫洛村的物质文化遗产

一、文物保护单位

莫洛村现存的文物有两类（表3-2-1），一是丹巴古碉群，于2006年5月被国务院公布为全国重点文化保护单位，在丹巴县现存500多座，在梭坡乡和中路乡集中分布，莫洛村现有8处文物点，包括四角家碉一号、四角家碉二号、五角家碉、八角碉楼、四角母碉、四角碉楼一号、四角碉楼二号和四角碉楼三号；二是白布寺，于2008年被甘孜藏族自治州人民政府列为州级文化保护单位（图3-2-1）。

甘孜藏族自治州丹巴县莫洛村文物点一览表　　　　表3-2-1

序号	名称	文物点	年代	类别	级别	地址
1	丹巴古碉群	四角家碉一号	唐	古建筑	国家级文保单位文物	丹巴县莫洛村上寨
2		四角家碉二号	唐	古建筑	国家级文保单位文物	丹巴县莫洛村下寨
3		五角家碉	唐	古建筑	国家级文保单位文物	丹巴县莫洛村上寨
4		八角碉楼	唐	古建筑	国家级文保单位文物	丹巴县莫洛村上寨
5		四角母碉	唐	古建筑	国家级文保单位文物	丹巴县莫洛村上寨
6		四角碉楼一号	唐	古建筑	国家级文保单位文物	丹巴县莫洛村下寨
7		四角碉楼二号	唐	古建筑	国家级文保单位文物	丹巴县莫洛村下寨
8		四角碉楼三号	唐	古建筑	国家级文保单位文物	丹巴县莫洛村上寨
9	自布寺		清	古建筑	甘孜州级文保单位文物	丹巴县莫洛村下寨南侧

图3-2-1　莫洛村文物点分布平面示意图

二、传统建筑

（一）传统建筑分布情况

经过调研分析统计，截至2023年2月，莫洛村所涵盖的研究范围内共计拥有74座建筑。其中，蕴藏着8座全国重点文化保护单位本体和1座州级文化保护单位本体。传统建筑在这其中占据了69座，占据了总建筑数量的93%。这些传统建筑呈现出典型的嘉绒藏寨民居的建筑风貌，白色的壁墙犹如翡翠一般在青山绿树的环绕下闪烁。藏寨群是由一座座藏楼组成，有的三五成群，有的独立散居。每一座寨楼占地约200平方米，高度约达15米，采用石木结构，墙体以当地天然的石块搭配黄泥砌筑而成。楼层一般分为三到五层，每层之间用粗大的圆木作为梁，上铺以小圆木、劈木、柏枝等，最后覆盖上约15厘米厚的稀黄泥，屋顶排水则采用数根枧槽。墙角处飘扬着经幡，而墙角顶部的纯白小石塔则象征着村民对传统图腾的崇敬之情。

莫洛村的传统建筑群包括了公共建筑和民居建筑，村寨内涵盖8座碉楼、数座白塔以及89座民居建筑。村寨以一株古柏树为标志，划分为上寨和下寨两个部分，而这两者在传统民居建筑和形制特征上并没有明显的差异。民居建筑通常呈现一二层的矩形或方形格局，而当达到三层以上时，则呈现出"L"字型的形状。

（二）民居建筑

莫洛村的现状民居建筑巧妙地融合于群山环绕的自然地形，呈现出独具特色的布局。建筑群整体上形成了带状分布，同时也存在着组团和散点式的布局特点，造型灵活多变，疏密有致。这些建筑均为南北朝向，采用石木结构，内部框架由木材构成，外部围护结构则利用天然石块和黏土砌筑而成。

莫洛村的传统民居建筑平面大多呈方形，一般为四层，也有少数是三层或五层，前两层呈矩形或方形，而上层则采用两级或三级"L"型布局。随着经济的增长、农民收入的提高以及旅游业的兴起，一些村民开始对自家民居进行改建和扩建，这也导致村内部分民居的平面布局、外立面造型和规模尺度发生了变化，甚至出现了一些与传统不同的建筑形式。

在莫洛村，传统民居建筑的各层功能有所区分。底层通常用作地下室和畜圈；二层则呈现天井式四合院，安排了厨房、起居室、杂物房等日常活动功能，村民通常通过二层出入，主室内设有"三足鼎立"的火塘，二层平台兼作院坝；三层局部设置了居室、粮仓等功能，外墙设有凸出的廊道和干厕，三层平顶可供人们活动或晾晒谷物、粮食等，一些民居还是依照碉楼式样修建，碉楼的入口则设在平顶处；而根据生活需求，部分民居的层数适当增加至四层或五层，这些层的平顶则用于举行民间宗教祭祀等活动。

经堂被用于举行民间宗教祭祀仪式，外墙面上还镶嵌有小孔的石板，供插挂嘛呢旗之用。晾台靠近神山方向的矮围墙上设有"松科"（香炉）用于煨桑。经堂屋顶和晾台的每个角落都砌有洁白的石块，形成四个尖尖的月牙状角尖，在宗教上分别象征四方神祇，当地居民也有一种观点认为这些尖角象征着牦牛的角，代表着神圣与勇敢。房顶上还有小孔的石板，用以插挂特定物品。

大部分民居外墙涂以洁白色。墙檐的颜色主要体现在下方的椽木面板和椽木上，主要以鲜艳的红色为主。窗框和门框大多以深沉的黑色为装饰（图3-2-2、图3-2-3）。

图3-2-2　传统民居建筑

图3-2-3　近现代民居建筑

（三）碉楼建筑

碉楼建筑在丹巴地区既有军事防御的功能，又蕴含着深厚的信仰内涵。在军事防御方面，碉楼采取了多重策略：首先，整个碉楼由坚固的石头精心砌筑，赋予其稳定性和强大的抗震能力，从外部极难破坏。其次，碉楼的入口门位于较高的位置，进出采用独木梯，这种独特的梯形结构既可便捷地进出，又能根据需要随意移动，外部入侵者难以轻易攀爬。一旦人们进入碉楼，关闭唯一的独木梯，外部人士几乎无法再次进入，而独木梯的设计，每级仅容一只脚，阻止了外部攻击者快速进入。碉楼窗户呈内大外小的设计，方便从内部观察外界，但对外部直接攻击具有挑战性。这种设计既可用于射击，又有利于近距离战斗，从而展现出强大的攻击和防御能力。碉楼建造时注重深厚的地基，入口层与地面层上下相连但封闭，这种结构使得火攻、挖地道等手段难以轻易摧毁其防御体系。除了其军事防御的特点，碉楼也蕴含着丰富的信仰内涵，代表着当地人民对守护和神秘力量的尊崇（图3-2-4）。

莫洛村境内有古碉楼8座。其中1座四角母碉、1座四角家碉、2座四角寨碉、2座四角公碉、1座五角碉、1座八角碉，高度均在20米以上。四角母碉表面有横线条，传说是东女

图3-2-4　碉楼建筑特点

王权利的象征;从功能上分,莫洛村的碉楼有两种功能:第一种是家碉,即房碉筒体,碉中水井、库房配套的碉,每个碉楼和一处民房相连,地面没有入口直接进入碉楼内,因此每座碉楼属于一户居民拥有并管理,其防御范围仅限于家庭个体;第二种是寨碉,在村寨要道口或人口密集中心区,往往一个村寨或一个部落就建有数座寨碉,以防御外来侵害扰乱并供集体用以抵抗、藏身、储藏水和食物用。

古碉的建造需要众多工人的辛勤付出,常常耗费数月甚至数年方能完成。在石墙砌筑的过程中,任乃强先生在《西康图经·民俗篇》中生动地描述了这种独特的技艺为"叠石奇技":"康番各种工业,皆无足观。唯砌乱石墙之工作独巧。'番寨子'高数丈,厚数尺之碉墙,什九皆用乱石砌成。此等乱石,即通常山坡之破石乱码,大小方圆,并无定式。有专门御墙之番,不用斧凿锤钻,但凭双手一究,将此等乱石,集取一处,随意砌叠,大小长短,各得其宜。"

古碉的形体结构呈现出独特的"梯"字形状,底部体积较大,逐渐向上递减,这种形状特点有助于增加碉楼的稳定性。此外,内部结构中的助墙和筒体结构的运用,进一步满足了高层建筑的结构要求,为40至50米高的"高碉"创造了条件。这种工艺和结构设计的巧妙融合,使得古碉成为了一种既具有实用性又具有美感的建筑形式(图3-2-5)。

图3-2-5 五角碉楼内部结构

（四）自布寺建筑

自布寺，建立于明朝时期，已有数百年的历史沉淀。坐落于莫洛村的南端，被群山环抱，俯瞰大渡河，融入了壮丽的山水之间。作为藏传佛教苯教的一处寺庙，内供佛陀、菩萨、护法神等众多神明，对莫洛村的村民而言，具有深远的宗教和文化意义，是他们虔诚信仰和祭祀的圣地。

自布寺的建筑材料以木和石为主，内部结构采用木材构架，外部墙体则以天然石块筑成，充分融合了地方的自然资源，保证了建筑的坚固和耐久。

寺庙内的建筑风格多为典型的藏式风格，包括金顶、经堂、佛塔、殿堂等。这些建筑融入了丰富的宗教符号和象征，如经幡、神像和图腾，这些符号不仅是装饰，更是寺庙信仰的体现，为信徒提供心灵寄托。外观饰以金黄和红色等明亮色彩，显得华丽而庄严。建筑造型独特，主殿和塔楼为方形，多层的楼阁式结构展现出独特魅力，四角尖顶的屋顶装饰更增添了视觉吸引力。寺内还设有宽敞的广场和庭院，这些空间不仅用于举行各种宗教仪式和法会，还用于举办传统文化活动、聚会和庆典等，为信众和村民提供了一个共同的聚集地和文化交流场所（图3-2-6）。

图3-2-6　老自布寺禅房

(五)传统建筑的本土化营建材质与构造特点

1. 石材的使用

莫洛村地处山区,地质条件丰富,主要分布着多片岩、页岩等石材资源。在这样的经济条件和地理环境下,村民智慧地采用就地取材的方式,将石材融入传统建筑的构建中,为村落注入了独特的建筑风貌。

莫洛村以石材为基础,创造了许多具有代表性的建筑,如碉楼、民居、院落围墙、巷道和人行台阶等。这些建筑中都可以清晰地看到石材的应用。村民巧妙地运用石材,将其融入建筑的各个方面,从而打造了独特的村落风貌。

莫洛村的民居建筑多采用土石木混合结构,以木梁柱为主要承重结构,同时结合石材的优势,使得建筑更加稳固耐久。这种特殊的结构体系使得外墙和底层内墙采用毛石砌筑,而上层和内部空间则由木梁柱来承载重量,形成了外刚内柔、下刚上柔的独特结构特点。

莫洛村内错综复杂的街巷空间,穿梭在村落之间,呈现出狭长幽深的独特氛围。街道纵横交错,大小曲直相互交织,形成了独具特色的阡陌交通系统。除了民居建筑之间的邻里空间,村内地势变化多样,街道的垂直联系也极为丰富,丰富多样的街巷空间在村落中创造出了一种独特的空间体验(图3-2-7~图3-2-9)。

图3-2-7 石板街巷台阶

图3-2-8 石板院落围墙

图3-2-9 莫洛村石板建造的碉楼

2. 木材的使用

在莫洛村的建筑过程中，木材扮演着不可或缺的角色，成为主要的建筑材料，特别是在构建建筑的主体结构中，担当着承重的重要责任。对莫洛村的民居进行深入调查后，我们发现在早期的民居中，许多木柱都出现了不同程度的开裂，这促使了必要的修复和加固工作。在进行修建和加固时，有一些关键的因素需要特别注意：首先，针对柱子的高度，需要有明确的规划。底层柱的高度大致保持在2.5～3米之间，而上层柱的高度则在2.2～2.5米左右。这样的差异高度有助于适应不同部分的承重需求，确保整体的结构均衡而稳固。其次，柱的直径也应该在合理的范围内进行控制，通常在15～20厘米之间。而柱与柱之间的间距则应在2～3米之间，这样的间隔能够平衡地分担荷载，增强整体的结构强度。

在民居的木材运用中，大多数木柱保持着木材原始的圆形断面，而较少经过加工成为方形或其他形状。另一方面，一些早期的民居梁柱保持着木材最初的材质状态，但也有些被涂刷上了醒目的红色或蓝色油漆，既为装饰，也可能有保护的作用。特别值得注意的是，柱与梁的交接处采用了替木过渡的设计，以确保结构的平稳连接。替木通常是断面不大于柱子直径的圆木，在柱头上起到支撑作用，同时与垂直方向上的木梁形成牢固的连接，为整个建筑提供了可靠的结构支撑。

总的来说，木材在莫洛村的建筑中不仅仅是一种材料，更是历史与文化的载体，通过精心的设计和合理的运用，保留了古老的建筑传统，延续了村庄的历史记忆。修建、保护和传承这些木质构件，不仅是对建筑结构的重要探索，也是对文化遗产的珍视与传承（图3-2-10）。

图3-2-10　莫洛村民居木梁

3. 门的营建

莫洛村的民居建筑充满了精美的门装饰，这些装饰巧妙地融入了门框、门楣以及门扇的不同部位，采用了雕刻和着色彩绘的艺术形式，展现了独特的美感。门扇常以红色为主色调，而更为讲究的家庭则在红色底扇上绘制各种生动的动植物图腾等精美图案，营造了丰富多彩的视觉效果。

门框在宽度上大约在10～20厘米之间，通常有里外两层，经过彩绘和雕刻的装饰，也有简洁的红色涂刷。特别值得一提的是门楣，这是一处独特的装饰，大门两侧悬挑出的短梁上雕刻成龙头的形状，门楣位于这两个龙头之间，常常绘有五彩斑斓的龙头图案，充满了神秘的神话氛围。

莫洛村民居的门楣上通常还设有挡雨蓬，或是安放一块木板或薄石板，这不仅有遮雨的实际功能，还经常进行彩绘装饰，为门楣增色添彩，创造了独特的视觉艺术体验。

相较于外部大门的华丽装饰，莫洛村民居内部门的装饰相对简朴。位于石墙上的室内门由过梁、门槛、门框、门扇构成，装饰相对简单，通常统一刷上红色，或者保持木材自然色，不做太多修饰。而安装在木墙上的门，由于木墙不承重，无需过梁，仅包括门扇和门框，这些门扇也可能完全刷上红色，或进行适度的彩绘，呈现出朴实而具有美感的装饰效果（图3-2-11）。

图3-2-11　莫洛村民居外门装饰

4. 窗的营建

嘉绒藏族传统窗饰的制作过程较为复杂，其中窗楣和窗框被认为是传统窗饰的关键要素。在窗楣的装饰方面，一项显著的特征是从窗框上檐向外延伸出两至三层短檐，这些檐口的长度逐层递增，形成了倒置的梯形效果。通常情况下，这些短檐会被刷上红色，而它们之间则会通过彩色的色块进行分隔，创造出鲜艳多彩的视觉效果。窗框的装饰主要靠内外几层雕刻和彩绘而成，雕刻主要将窗框凿成波浪形，以丰富立面效果，彩绘色彩一般为蓝、绿、红、黄等，当然也有一些简单的红色刷涂。藏式窗在立面外观上必不可少的装饰是在窗洞左右两侧以及窗台下，涂有黑色的上小下大的梯形窗套，一个个黑色梯形窗套增加了窗户轮廓的视觉效果，形成了藏族民居建筑独特的审美观。窗扇的木雕彩绘主要装饰题材为人物图案、动植物图案或者几何图形（图3-2-12）。

5. 檐部及屋顶

莫洛村的民居以檐部和屋顶为重要的装饰元素，装饰这些部位需要注意以下几个方面：一是在檐部上的女儿墙采用黄、黑、红三种颜色的涂料进行交替装饰，而且女儿墙的四个角会突出成锥形，顶部放置着白色的石块。这种做法不仅在结构上增强了墙体的稳定性，还表达了当地藏民对白石的敬仰，成为檐口装饰的独特特点。二是在屋顶的顶层四个

图3-2-12 莫洛村民居窗装饰

图3-2-13 莫洛村传统民居三层平台

角以及下方晒坝檐口的四个角,会悬挂五彩缤纷的经幡和风马旗。这些经幡通常呈现白、蓝、黄、红、绿五种颜色,分别象征着白云、蓝天、黄土、红火和绿水,用以向山神祭祀,寓意着幸福美好的生活。最后,需要特别注意的是,每年以及重要的喜庆节日,都会对经幡进行更换,以保持色彩的鲜艳和祭祀的虔诚。这些装饰元素不仅丰富了民居的外观,也体现了当地宗教信仰和文化传统的深厚内涵(图3-2-13、图3-2-14)。

6. 楼梯的营建

莫洛村民居的室外露天楼梯呈现独特的形制,成为民居建筑的一大特色。具体制作方法是在圆型木桩的桩身上开凿出踏步,形成独木梯。这种独木梯通常应用于连接二层露天晒坝与三层之间的垂直通道,因为莫洛村所在的丹巴地区历史上动荡不安,这种独木梯不仅能提供上下层之间的垂直通行功能,更重要的是,它具有活动性,可以在紧急情况下迅速移除,以防止敌人攀爬上楼。当地茂密的树木资源方便获取,使得这种独木梯能够迅速制作,因此这一设计一直延续至今。

然而,独木梯也存在一些缺点,例如坡度较大、踏步较窄,且没有扶手。另外,室内的木构楼梯通常是单跑结构,梯坡度陡峭,梯段空间狭小,主要为了节省室内空间并防止

图3-2-14 莫洛村传统民居屋顶

牲畜进入楼层。尽管这种设计能够有效节省空间，但使用起来并不方便，因为坡度太陡。随着时代的发展，新建的民居已经开始采用小坡度、宽踏步的楼梯设计，甚至出现了钢材焊接楼梯，以适应现代人的实际需求和时代变革。这些演变体现了莫洛村民居建筑在保留传统特色的同时，也在不断与时俱进，适应现代生活的要求（图3-2-15）。

三、历史环境要素

历史环境要素是指村落中反映历史风貌的石阶、铺地、围墙、驳岸、古井、古树名木等。莫洛村的历史环境要素包括神山、石阶、古巷道、古树、白塔、古井、古梁树、拴马石等（图3-2-16）。

图3-2-15 莫洛村民居楼梯构建

图3-2-16　莫洛村历史环境要素平面分布图

第三节　莫洛村的非物质文化遗产

一、非物质文化遗产定义

根据《中华人民共和国非物质文化遗产法》规定，非物质文化遗产指各族人民世代相传并视为其文化遗产组成部分的各种传统文化表现形式，以及与传统文化表现形式相关的实物和场所。包括传统口头文学以及作为其载体的语言；传统美术、书法、音乐、舞蹈、戏剧、曲艺和杂技；传统技艺、医药和历法；传统礼仪、节庆等民俗；传统体育和游艺；其他非物质文化遗产。

二、莫洛村非物质文化遗产

与莫洛村相关的非物质文化遗产共计37项，含国家级非物质文化遗产1项、省级非物质文化遗产8项、州级非物质文化遗产9项、县级非物质文化遗产5项、待认定级别非物质文化遗产14项。包括传统技艺类、民间音乐类、手工技艺类、传统舞蹈类、传统音乐类、民间文学类、民俗类共7个项目类别。

其中，传统技艺类9项，包括藏族碉楼营造技艺、火烧子馍馍制作技艺、丹巴酸菜制作技艺、猪皮茶制作技艺、猪膘制作技艺、酸菜肠子制作技艺、酸菜猪皮面块制作技艺、编制麻布技艺、嘉绒藏族服饰文化；传统美术类1项，即藏族刺绣（嘉绒藏族刺绣）；传统舞蹈类4项，包括丹巴阿克日翁（兔儿锅庄）、孔雀锅庄、阿吾来锅庄、丹巴锅庄舞；传统音乐类1项，即嘉绒民歌——啦啦调；民间文学4项，包括红军驻防丹巴期间的故事、东女国的故事、东女王泪水河的传说、丹巴古调的传说；民间音乐1项，即嘉绒民歌——啦啦调；手工技艺1项，即民间藏酒酿造技艺；民俗类16项，包括藏族成人仪式、丹巴香猪腿制作技艺及食用习俗、嘉绒藏族新年、丹巴嘉绒婚俗、建房完工仪式、正月庙会文化、哑巴经文化、嘛呢经文化、哈支拉（儿童节）、丹巴风情节、藏语文化、嘉绒藏族高空吊厕文化、丧葬文化、祭灶神文化、转山节、燃灯节。

第四节 莫洛村保护发展历程

一、2005年——中国历史文化名村

《住房和城乡建设部 国家文物局关于公布第二批中国历史文化名镇名村的通知》（建规〔2005〕159号）将含四川省甘孜藏族自治州丹巴县梭坡乡莫洛村在内的24个村列为第二批中国历史文化名村，并对历史文化名村的保护提出以下要求：各地要认真编制和完善保护规划，制定严格的保护措施，杜绝违反保护规划的建设行为的发生，严格禁止将历史文化资源整体出让给企业用于经营，进一步理顺管理体制，切实做好中国历史文化名镇（村）的保护和管理工作。住建部、国家文物局将对已经公布为中国历史文化名镇（村）的镇（村）的保护工作进行不定期检查和监督；对由于人为因素或自然原因，致使历史文化名镇（村）已经不符合规定条件的，住建部、国家文物局将撤销其中国历史文化名镇（村）的称号。

二、2006年——全国重点文化保护单位

《国务院 关于核定并公布第六批全国重点文物保护单位的通知》(国发〔2006〕19号)将丹巴古碉群在内的1080处文物列为全国重点文化保护单位。文件要求各地要依照《中华人民共和国文物保护法》等法律法规和《国务院关于加强文化遗产保护的通知》(国发〔2005〕42号)的要求，进一步贯彻"保护为主、抢救第一、合理利用、加强管理"的工作方针，针对不同文化遗产的特点，采取切实可行的保护方式，科学规划，妥善处理文化遗产保护与经济发展、人民群众生活条件改善的关系，认真做好全国重点文物保护单位的保护、管理和合理利用工作。

三、2012年——中国传统村落

《住房和城乡建设部 文化部 财政部关于公布第一批列入中国传统村落名录村落名单的通知》(建村〔2012〕189号)将四川省甘孜藏族自治州丹巴县梭坡乡莫洛村在内的646个村落列入第一批中国传统村落名录。并同步下发《住房和城乡建设部 文化部 财政部关于加强传统村落保护发展工作的指导意见》(建村〔2012〕184号)，文件中对传统村落提出定义：传统村落是指拥有物质形态和非物质形态文化遗产，具有较高的历史、文化、科学、艺术、社会、经济价值的村落。传统村落承载着中华传统文化的精华，是农耕文明不可再生的文化遗产。传统村落凝聚着中华民族精神，是维系华夏子孙文化认同的纽带。传统村落保留着民族文化的多样性，是繁荣发展民族文化的根基。但随着工业化、城镇化的快速发展，传统村落衰落、消失的现象日益加剧，加强传统村落保护发展刻不容缓。

2012年四川村镇规划设计研究院有限公司编制了《丹巴县梭坡乡莫洛村 历史文化名村保护规划（2012-2020）》。该规划遵循原真性原则，贯彻"保护为主，抢救第一、合理利用、加强管理"的文物保护方针，最大限度地保护名村文化遗产，保护历史建筑、格局等基本要素，为研究者和参观者提供真实的历史信息。重视保护名村的整体传统风貌。利用多种措施，保证名村的传统风貌不受到破坏，并力争提升名村的传统风貌，保持浓郁的传统文化氛围。目标是发掘、保护莫洛村丰厚的历史文化遗存，延续和弘扬莫洛村独特的地域历史文化特征，展示"千碉之乡"核心区域的风貌特色。要求在莫洛历史文化名村的保护中，既要保护和传承有形的物质文化遗产，又要继承和弘扬无形的非物质文化遗产，要求两者相互依存，相互辉映，相互烘托，共同反映名村的历史。

四、2017年——中国少数民族特色村寨

《国家民委关于命名第二批中国少数民族特色村寨的通知》（民委发〔2017〕34号）将含四川省甘孜藏族自治州丹巴县梭坡乡莫洛村在内的717个村寨列为第二批"中国少数民族特色村寨"。文件对"中国少数民族特色村寨"具体工作提出以下要求：抓紧开展第二批中国少数民族特色村寨命名挂牌工作，依照首批中国少数民族特色村寨牌匾样式（见民委发〔2014〕190号附件2）要求，统一制作、颁发牌匾；民族自治地方的中国少数民族特色村寨的牌匾，按照国家有关法规制发，可以同时印制当地通用的少数民族文字；各地要以此次村寨命名挂牌为契机，按照《命名挂牌意见》有关要求，巩固成果，再接再厉，进一步加强和规范特色村寨保护与发展工作，不断提升特色村寨的品质，做好特色村寨的考核验收和日常管理工作。同时，加大宣传推介力度，宣传党的民族政策和好的村寨典型，扩大少数民族特色村寨知名度，更好地发挥示范和辐射作用；要积极争取地方各级党委、政府对少数民族特色村寨保护与发展工作的支持，加大资金整合力度，齐抓共管、合力推进；要加强特色村寨中长期保护发展规划的编制和实施工作，保持民族特色，促进特色村寨可持续发展。

五、2021年——四川省最美古镇古村落

《四川省住房和城乡建设厅关于公布第三批"四川最美古镇古村落"名单的通知》（川建村镇发〔2021〕35号）将四川省甘孜藏族自治州丹巴县梭坡乡莫洛村在内的49个古镇古村落认定为第三批四川省最美古镇古村落。依据《四川省人民政府办公厅关于加强古镇古村落古民居保护工作的意见》（川办发〔2019〕35号），要求以习近平新时代中国特色社会主义思想为指导，全面贯彻党的十九大精神和习近平总书记对四川工作系列重要指示精神，认真落实省委十一届三次、四次全会部署，坚持活态保护和创新发展，以传承乡土文化、彰显巴蜀特色、促进利用发展为方向，加大古镇古村落古民居保护力度，切实让古镇古村落古民居成为"乡愁"守望地。全面挖掘梳理历史文物、历史建筑、传统建筑、传统文化和非物质文化遗产等历史文化资源要素，系统研究其历史脉络、空间分布、文化价值和精神内涵。支持古镇古村落挖掘保护民间文学、民间传说、民俗节庆、传统技艺等各类非物质文化资源，加强对濒危非遗项目抢救性保护。组建非遗专家队伍，培育非遗文化传承人，支持传承人开展传承传习活动。加强镇志村史编撰整理和非遗档案管理工作，推动乡情村史陈列室、非遗传习所和乡村博物馆建设。

第四章
莫洛村藏族传统村落文化空间识别与解析

第一节 莫洛村文化空间识别结果

一、莫洛村文化表现形式及文化空间单元清单及对应关系

（一）莫洛村文化表现形式清单

经对丹巴县莫洛村的非物质文化遗产进行识别鉴定，其非物质文化遗产文化表现形式共计有37项。其中，藏族碉楼营造技艺非物质文化遗产表现形式属于国家级非物质文化遗产代表性项目名录；丹巴阿克日翁（兔儿锅庄）、民间藏酒酿造技艺、藏族成人仪式等8项非物质文化遗产表现形式属于四川省省级非物质文化遗产名录；嘉绒民歌——啦啦调、丹巴酸菜制作技艺等9项非物质文化遗产表现形式属于甘孜藏族自治州州级非物质文化遗产名录；东女王泪水河的传说、丹巴古碉的传说、嘉绒赛马会等5项非物质文化遗产表现形式属于丹巴县县级非物质文化遗产名录，另有含正月初五（庙会）、恰支拉、丹巴风情节、藏语文化、嘉绒藏族高空吊厕文化在内的14项非物质文化遗产表现形式尚未列保（表4-1-1）。

甘孜藏族自治州丹巴县莫洛村文化表现形式清单　　　　表4-1-1

序号	代码	文化表现形式项目名称	类别	保护名录	保护名录批准时间
1	A1	藏族碉楼营造技艺	传统技艺	国家级第二批	2008.6
2	B1	顶毪衫歌	民间音乐	四川省省级第一批	2007.3
3	B2	丹巴阿克日翁（兔儿锅庄）	传统舞蹈	四川省省级第一批	2007.3
4	B3	民间藏酒酿造技艺	手工技艺	四川省省级第一批	2007.3
5	B4	藏族成人仪式	民俗	四川省省级第一批	2007.3
6	B5	藏族刺绣（嘉绒藏族刺绣）	传统美术	四川省省级第六批	2023.4
7	B6	丹巴香猪腿制作技艺及食用习俗	民俗	四川省省级第六批	2023.4
8	B7	嘉绒藏族新年	民俗	四川省省级第六批	2023.4
9	B8	火烧子馍馍制作技艺	传统技艺	四川省省级第六批	2023.4
10	C1	嘉绒民歌——啦啦调	传统音乐	甘孜藏族自治州州级第四批	2014.12
11	C2	丹巴酸菜制作技艺	传统技艺	甘孜藏族自治州州级第七批	2021.5
12	C3	丹巴猪皮茶制作技艺	传统技艺	甘孜藏族自治州州级第七批	2021.5
13	C4	孔雀锅庄	传统舞蹈	甘孜藏族自治州州级第七批	2021.5
14	C5	阿吾来锅庄	传统舞蹈	甘孜藏族自治州第七批	2021.5

续表

序号	代码	文化表现形式项目名称	类别	保护名录	保护名录批准时间
15	C6	丹巴嘉绒婚俗	民俗	甘孜藏族自治州州级第七批	2021.5
16	C7	猪膘制作技艺	传统技艺	甘孜藏族自治州州级第七批	2021.5
17	C8	酸菜肠子制作技艺	传统技艺	甘孜藏族自治州州级第七批	2021.5
18	C9	酸菜猪皮面块制作技艺	传统技艺	甘孜藏族自治州州级第七批	2021.5
19	D1	红军驻防丹巴期间的故事	民间文学	丹巴县县级第七批	2020.4
20	D2	东女国的故事	民间文学	丹巴县县级第七批	2020.4
21	D3	东女王泪水河的传说	民间文学	丹巴县县级第七批	2020.4
22	D4	丹巴古碉的传说	民间文学	丹巴县县级第七批	2020.4
23	D5	建房完工仪式	民俗	丹巴县县级第七批	2020.4
24	D6	编织麻布技艺	传统技艺	——	——
25	E1	丹巴锅庄舞	传统舞蹈	——	——
26	E2	正月庙会文化	民俗	——	——
27	E3	嘛呢经文化	民俗	——	——
28	E4	哑巴经文化	民俗	——	——
29	E5	恰支拉（儿童节）	民俗	——	——
30	E6	丹巴风情节	民俗	——	——
31	E7	藏语文化	民俗	——	——
32	E8	嘉绒藏族高空吊厕文化	民俗	——	——
33	E9	丧葬习俗	民俗	——	——
34	E10	祭灶神文化	民俗	——	——
35	E11	嘉绒藏族服饰文化	传统技艺	——	——
36	E12	转山节	民俗	——	——
37	E13	燃灯节	民俗	——	——

（二）莫洛村文化空间单元清单

经技术识别，莫洛村文化空间有9项，包括1组房碉文化空间（含四角房碉文化空间两处、五角房碉文化空间），1组碉楼文化空间（含八角碉楼文化空间、四角母碉文化空间、四角碉楼文化空间三处）、1处自布寺文化空间、1处巷道文化空间、1处白塔文化院坝文化空间、1处传统藏族民居文化空间、1处古树文化空间、1处东女国文化广场文化空间、1处达赞蹦草坪文化空间（表4-1-2）。

甘孜州丹巴县莫洛村文化空间单元清单　　　　　　　　表4-1-2

序号	文化空间单元名称	地点
1	碉房文化空间	村寨多处
2	碉楼文化空间	村寨多处
3	自布寺文化空间	村寨西南侧河边
4	巷道文化空间	村寨多处
5	白塔文化院坝文化空间	村寨合作社（村委会）旁
6	传统藏族民居文化空间	村寨多处
7	古树文化空间	村寨下寨多处
8	东女国文化广场文化空间	村寨入口处
9	达赞蹦草坪文化空间	村寨北侧

（三）莫洛村文化空间与文化表现形式对应关系

分析结果表明，莫洛村的9处文化空间所承载的非物质文化表现形式包括37种（图4-1-1），文化空间和文化表现形式之间的对应关系呈现一对多、多对一和多对多的形式。例如，传统藏族民居所对应的文化表现形式多达20项；碉房文化空间、碉楼文化空间、自布寺庙文化空间、传统藏族民居文化空间这4组文化空间单元均对应火烧子馍馍制作技艺、丹巴锅庄舞、燃灯节这3项文化表现形式；村寨内9组文化空间单元均对应到嘉绒藏族传统服饰文化、藏语文化、嘉绒民歌——啦啦调这3项文化表现形式。

二、莫洛村文化空间单元识别结果

经技术识别，莫洛村寨范围内共有文化空间单元9处。各项文化空间的位置如图4-1-2、图4-1-3所示。其中，碉房文化空间、碉楼文化空间、传统藏族民居文化空间属于多发性文化空间单元，空间均以建筑为载体，分布在村内多处。街巷文化空间为线性、连续性文化空间，与古树文化空间构成整个村寨格局主体骨架肌理。白塔文化院坝文化空间和自布寺文化空间是分别位于在村寨的寨口和最南侧，是寨内民族文化高度集中的空间。东女国文化广场文化空间位于村寨的最平坦之处，是村民集中活动的最佳室外空间。达赞蹦草坪文化空间在村寨东侧的山坡上，与邻近村寨的交界，是界定村寨范围的标志之一。

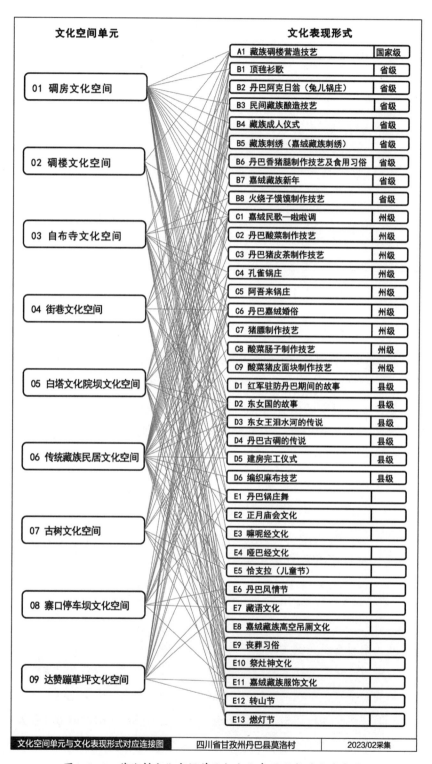

图4-1-1 莫洛村文化空间单元与文化表现形式对应连线图

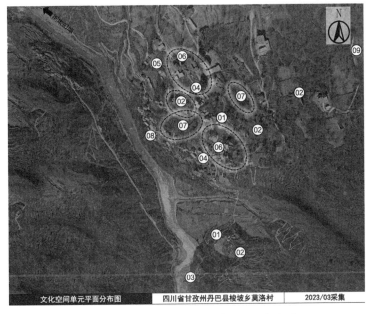

图4-1-2 莫洛村文化空间单元平面分布图

图4-1-3 莫洛村文化空间单元鸟瞰分布图

第二节　莫洛村文化表现形式解析

一、藏族碉楼营造技艺

在丹巴县莫洛村，村内各种碉的建筑技术基本相同，均先发掘取表土至坚硬的深土层，基础平整后便开始放线砌筑基础，基础一般采用"筏式"基础，即整个基础遍布石块，然后加添黏土和小石，使基础形成一个整体，以避免地基的不均匀沉陷和增大地基的承载力。地基的宽窄和基础的厚度，视其所建高碉的大小和高度而定。其建筑墙体用的材料全部取自当地的天然石块和黏土，木料亦砍伐自当地附近的山林。修建高碉时，砌筑工匠仅依内架砌反手墙，全凭经验逐级收分。在砌筑过程中，一般砌至1.4~1.6米左右，即要进行一次找平，然后用木板平铺作墙筋，以增加墙体横向的拉结力，避免墙体出现裂痕。在墙体的交角处，特别注意交角处石块的安放，这些石块，既厚重，又硕长，俗称"过江石"，以充分保证墙体石块之间的咬合与叠压程度。在砌筑过程中，同时还要注意墙体外平面的平整度和内外石块的错位，禁忌上下左右石块之间对缝。细微空隙处，则用黏土和小石块填充，做到满泥满衔。砌筑工匠所使用的工具十分简单，一是一把一头为圆、另一头似锲的铁锤，二是牛的扇子骨或木板制作的一对撮泥板。

高碉内部的楼层结构一般为楼梁、楼欠、楼板、木梯四个部分。楼梁安装于碉的中部双向加有墙筋之处，然后安装楼欠，楼欠一头搭接于楼梁之上，一头伸入墙体内，为墙承重；楼欠上面铺以木板，或是铺以木柴、树桠枝，上覆泥土拍实，类似民居楼面及屋顶的做法。每一楼层高2~3米，楼层与楼层之间，需留出楼梯口，安装独木梯以供上下。高碉顶部的造型与做法，与民居的顶层"拉吾则"完全一致，均有特色十分鲜明的四角月牙形作为标志。

各类形状的高碉，从外部观察，立面则由底部外墙面自下而上逐渐向内收分的梯形柱体；墙下部厚度达1.5~2.0米，顶部厚度一般收至0.5~0.6米；高度低者15米，多数在25~35米之间，高者达40余米。通常，村内男子从少年时期就开始学习砌石技艺。技艺高超者，则专门以此为业，成为掌墨师，专门负责放线和砌筑墙角，以把质量关。现今能熟练地掌握砌石技艺的匠人已不多，高度涉危，亟待抢救保护。莫洛村寨藏族民居建筑中，至今仍会使用天然石料和泥土，利用碉楼营造技艺修建自家房屋，砌筑方法大体与高碉相同（表4-2-1、图4-2-1~图4-2-3）。

非物质文化遗产文化表现形式简况表（A1藏族碉楼营造技艺）　　表4-2-1

文化表现形式	代码	类别	名录批次	公布时间
藏族碉楼营造技艺	A1	传统技艺	国家级第二批	2008年6月

图4-2-1　莫洛村四角碉楼和八角碉楼

图4-2-2　藏族碉楼营造技艺——建房现场（一）

图4-2-3 藏族碉楼营造技艺——建房现场（二）

二、顶毪衫歌

毪衫是一种采用羊毛织制的藏式长袍外套，分为大领衫和小领衫、长衫和短衫两种款式，常见的颜色有白色、黑色以及花色等多种选择。毪衫具有厚实保暖、耐磨耐用的特点，适合在寒冷的季节穿着，不仅可以御寒，还具备一定的防雨功能，秋冬皆宜。

"顶毪衫歌"是一种独特的交友方式，起源于中国四川省甘孜藏族自治州丹巴县中路乡和梭坡乡地区。这一传统活动通常在月圆之夜举行，当月亮升上树梢的时候，年轻小伙子们会约定在一起，一同穿着毪衫，前往姑娘们聚集的地方进行对歌。

据梭坡乡的仁真老师讲，在过去，男女青年相聚唱歌谈情并没有遮掩头部的限制。然而，随着时间的推移，一些不遵循戒律的僧人也参与其中，为了不被人察觉，他们发明了"顶毪衫"的做法，将头部遮盖以隐藏身份。久而久之，这一风俗逐渐演变成了一种具有独特意义的传统。

除了在交友场景中，顶毪衫也常在喜庆场合、婚礼仪式、磨坊、集会等活动中出现。有时，小伙子和姑娘们预先约定，有时小伙子会突然发起"袭击"，也有可能是意外的相遇。姑娘们则坐在锅庄等待着小伙子们的到来，一同参与这一有趣而富有意义的传统活动（表4-2-2、图4-2-4）。

非物质文化遗产文化表现形式简况表（B1顶毪衫歌）　　表4-2-2

文化表现形式	代码	类别	名录批次	公布时间
顶毪衫歌	B1	民间音乐	四川省省级第一批	2007年3月

图4-2-4　姑娘小伙围着锅庄唱顶毪衫山歌（来源：杨涛，时间：2017年4月）

三、丹巴阿克日翁（兔儿锅庄）

　　锅庄舞是一种豪迈明快、充满活力的藏族自娱性歌舞，被广泛喜爱并在各种节日庆典、婚宴等场合在庭院、草地、林中表演。在藏族文化中，锅庄舞是一颗璀璨的明珠，属于丰富多彩的民族歌舞表现形式之一。

　　丹巴锅庄舞的基本动作特点是身体、臂膀和脚的紧密协调，舞者身体前倾，高潮时更是俯身下弯，几乎接近地面。伴随着手臂和脚步的协调动作，身体前俯后仰，左倾右侧，全转半转，呈现出灵活自如的表现。男性舞者的手臂动作非常舒展，双臂可以左右旋转，交替上摆下划，就像雄鹰展翅一般。脚下动作也非常丰富，与其他地区的锅庄舞动作有明显的差异。

　　丹巴锅庄舞以其独特的舞姿、动作和表现形式，展示了藏族文化的魅力，成为了藏民族歌舞艺术中的瑰宝之一。它不仅是一种文化传承，也是人们庆祝、娱乐和表达情感的重要方式。

在丹巴锅庄舞中，最引人注目的要数"兔儿锅庄"，它是锅庄舞中的"大锅庄"（大型舞蹈）。在特殊场合表演时，兔儿锅庄更是注重礼仪和装束，展现出浓厚的文化内涵。男性在兔儿锅庄中穿着狐皮大帽，身着金色、藏青色、绛红色的氆氇藏装，配以精致的项饰，脚踏藏靴，嘎乌斜背，腰间佩戴银饰。夏季时，他们会穿着白色的氆氇藏装。而女性则按年龄分别穿着不同颜色的服饰，春、夏、秋、冬各有不同的服装，展现出庄重和典雅。她们头戴绣花方帕，身着水獭皮镶边的中长外套，下着五色百褶裙，脚穿藏靴，胸垂银白嘎乌，腰间悬挂银质饰品和红珊瑚，头上戴着碧玉发箍、蓝宝石、黄宝石等饰品。年轻姑娘们则更加注重装饰，展现出活泼而绚丽的风采。

兔儿锅庄舞蹈不仅是一种娱乐表演，更是一种富有文化内涵的艺术形式，通过精湛的舞姿和华美的装束，展现出丰富的民族传统和生活情趣（表4-2-3、图4-2-5）。

非物质文化遗产文化表现形式简况表（B2丹巴锅庄）　　　表4-2-3

文化表现形式	代码	类别	名录批次	公布时间
丹巴阿克日翁（兔儿锅庄）	B2	传统舞蹈	四川省省级第一批	2007年3月

图4-2-5　兔儿锅庄

四、藏族民间酿酒技艺

丹巴民间酿造藏酒的酒曲，其原料皆源自本地的采摘。首要步骤为酵母的制作，而酵母所需的材料则在海拔4000米以上的高山地带采集而来。这种材料为一种生长在高山草原上的植物，其花朵覆盖着绒状物质，而其表面则布满细小的刺。采集下这些花朵后，需经过晾晒的程序，接着将其置于石质容器内，进行捣碎并与面粉充分混合。随后，将混合物放置于封闭的容器内，经过几天的时间，再将其揉搓成块状，完成后再次晾晒，最终形成酒曲的成品。

酿造藏酒的原料主要包括青稞、小麦、玉米、高粱、荞麦等多种成分。按照一定比例将这些原料混合并洗净后，倒入铁锅中进行煮制（玉米需提前泡一天）。煮至八成熟的原料被摊开放置在竹制平筛上进行过滤，随后在斗筐内稍作冷却后，与酒曲充分混合。接着，将混合物趁热放入发酵缸（通常为土陶罐），罐口覆盖以干净的毡子，上面再铺一层麦秆，然后用簸箕将其密封，以便观察发酵情况。夏季的发酵期大约为2天，冬季则为3天。当酒味溢出后，移除保温的覆盖物，再静置15~20天，此时酒香味或酒液将开始显现，被称作"杂酒"。

在取用丹巴民间藏酒时，首先需要在酒中兑入适量的水，然后等待约4个小时，便可进行过滤，从中提取出酒。第一次兑水的酒被称为"头道酒"，随后的兑水得到"二道酒"和"三道酒"。头道酒具有最浓郁芳香的味道，二、三道酒次之，饮用时各具特点，而四道酒则味道较淡，酒精度较低。

头道酒通常被装入瓦罐或酒坛中，然后添加冰糖，进行严密封闭后，藏入地窖或埋入地下，经过几个月甚至几年的陈酿，取出后醇香美味，回味无穷。优质的酒还可用于制作藏式烤酒。烤酒可以加热后饮用，也可添加蜂蜜、酥油，或加入鸡蛋、糖、糌粑等食材兑成油酒，用以招待亲朋好友和尊贵的客人。

丹巴民间藏酒呈橙黄色，口感酸甜，酒精含量较低，类似于啤酒，其特点在于饮后不容易引起头痛、口干，而且能快速解酒。此外，根据《本草纲目》的记载，丹巴藏酒具有壮筋益力、祛湿、发汗、止泻等功效。尤其以青稞酒为主要原料酿制的藏酒更具有增强体力、提高免疫力以及抵抗寒冷的功效（表4-2-4、图4-2-6、图4-2-7）。

非物质文化遗产文化表现形式简况表（B3藏族民间酿酒技艺） 表4-2-4

文化表现形式	代码	类别	名录批次	公布时间
藏族民间酿酒技艺	B3	传统技艺	四川省省级第一批	2007年3月

图4-2-6 民间藏族酿酒技艺（来源：丹巴县文体广电新闻出版局）

图4-2-7 酿酒的酒坛

五、藏族成人仪式

在莫洛村，嘉绒藏族的成人仪式是整村共同举行的盛事，其举办时间通常有两种情况：一是根据喇嘛或贡巴的指示选择吉日，二是在农事繁忙之余的空闲时段。成年礼的参与者不固定，可以集体或个别举行，但参与的女性必须年满17岁。如果已年满17岁但碰巧遇上繁忙的农忙季节，可以适当延期。在这个成人仪式中，最重要的环节之一是给女孩梳辫，虽然看似简单，但实际上过程十分烦琐和复杂，至少需要花费三天的时间来完成头发的编盘工作。

在成人仪式的当天，村民们和亲朋好友会聚集在寺庙或碉楼附近。参与成年礼的女性一早就开始准备，头发的梳辫过程极其讲究。头发前额左右各编三条细发辫，额际处系一道珊瑚和绿松石镶嵌的头饰，中间还嵌有一颗花形的大蜜蜡，类似发箍的珠宝带。头顶上的两条发辫会交叉盘绕，上面串满了金银制成的发箍，还镶有珊瑚、绿松石和蜜蜡。两条发辫盘绕的发尾会绑在后脑上的一个长约45厘米、粗约2厘米的发簪上，这成为女子成年仪式上必戴的标志性饰品。由于头饰的形状有些像两只角，当地人用汉语称之为"戴角角"。

当参加成年仪式的女子走到人群中央时，由尊贵的长辈主持仪式，正式宣布仪式开始。主持人会为参与者进行祝福和祈祷，这时烟雾袅袅。人们一同向女子送上祝福，主持人、女子的父母或亲人会分别奉上哈达（藏族传统礼物）。女子也会回敬哈达，依次向主持人、父母以及亲朋好友敬酒。在仪式达到高潮时，人们会时而男女分开对唱歌曲，时而围成圆圈跳起锅庄舞，尽情享受欢愉的时刻（表4-2-5、图4-2-8~图4-2-11）。

非物质文化遗产文化表现形式简况表（B4藏族成人仪式） 表4-2-5

文化表现形式	代码	类别	名录批次	公布时间
藏族成人仪式	B4	民俗	四川省省级第一批	2007年3月

六、丹巴嘉绒藏族刺绣

莫洛村的嘉绒藏族刺绣工艺主要应用于装饰花帕子和后围裙，这些刺绣作品具有质地柔软、图案细腻、构图简洁、色彩对比强烈、明亮鲜艳、生动活泼的特点，展现出极高的装饰性和耐用性。刺绣的图案主要以花卉为主，主要用于头帕和后围裙的装饰部分。头帕在莫洛村被称为花帕子，在丹巴县革什扎、巴旺地区被称为"巴热"，在鱼通、大小金川一带称为"巴里"，这已成为莫洛村藏族妇女普遍的着装风格。

图4-2-8 藏族成人仪式
（来源：降初扎西，时间：
2014年7月）

图4-2-9 成人仪式上梳辫
用的发簪

图4-2-10 成人仪式上梳
辫用的宝珠带

第四章　莫洛村藏族传统村落文化空间识别与解析 | 77

图4-2-11　藏族成人仪式的服饰（摄影师：朱鸿，拍摄时间：2022年4月）

　　头帕可以折叠成两折、四折、六折等，然后搭在头顶和前额上。根据年龄的不同，头帕的构造和装饰也有所区别：少女的头帕在中间和四角刺绣鲜艳的花朵，四角或前两端还悬挂着彩线和五色彩边；少妇的头帕只在四角刺绣角花，多采用缠枝式的图案，有五色彩边但不悬挂彩线；而老妇的头帕则只有五色彩边。头帕上的刺绣多以小花为主，花朵和叶子都进行刺绣，五色彩边则以直线锁边、挑绣和结合的方式呈现。常见的图案有源自大自然的桃花、菊花、蝴蝶等，还有受汉文化影响的图案，如牡丹花、寿字纹以及抽象的山纹、水纹、彩虹纹、雍忠纹和回纹等。色彩的搭配通常是黑底上配以桃红、黄、绿、白等色彩的图案，色彩调和而突出，使得图案在暗底上鲜明突出，红花绿叶的搭配恰到好处，展现出浓郁的生活氛围和强烈的装饰性。这些刺绣作品充满了生活的情趣，具有强烈的装饰性和艺术感染力，同时也是嘉绒藏族审美观念的精华所在（表4-2-6、图4-2-12～图4-2-16）。

非物质文化遗产文化表现形式简况表（B4丹巴嘉绒藏族刺绣）　　　表4-2-6

文化表现形式	代码	类别	名录批次	公布时间
丹巴嘉绒藏族刺绣	B5	传统技艺	四川省省级第五批	2022年7月

图4-2-12 莫洛村嘉绒藏族刺绣头帕（一）

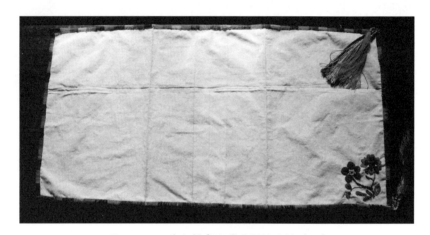

图4-2-13 莫洛村嘉绒藏族刺绣头帕（二）

图4-2-14 莫洛村嘉绒藏族刺绣头帕（三）

图4-2-15 莫洛村村民头戴头帕

图4-2-16 莫洛村嘉绒藏族刺绣后围裙（摄影师：朱鸿，拍摄时间：2021年11月）

七、丹巴香猪腿制作技艺及食用习俗

香猪腿,在嘉绒语中称为"巴阿米",是丹巴县的一种特色土特产品。每年冬月腊月,当地家家户户都会宰杀年猪,然后制作香猪腿。香猪腿是由肥猪的四条腿制作而成。制作的具体步骤:首先将猪宰杀后去毛剖腹,然后砍下猪的四个"肘肋",接着顺着猪蹄将每个"坐凳"(即大腿部分)的外皮剥开,去除肥肉,从而制作出形状完整的猪腿。制作好的猪腿一般会在露天的环境中冻上两三晚,然后悬挂在阴凉通风的房间内,经过一段时间后即可食用。

一头猪可以取得四个香猪腿,其中两个前腿被称为"叉",两个后腿被称为"腿"。前腿稍小,一般重量在八九斤左右,大的可能会重达十四五斤;后腿稍大,一般重量在十四五斤左右,大的可能会重达二十四五斤。在莫洛村,为了方便晾晒,村民通常会把猪腿上的瘦肉片去掉一部分,然后将猪腿瘦肉较厚的地方片开,不完全割下,再用木棒穿成环状进行晾晒,这样的外形看起来有点像罗盘。

在家中招待客人或过节时,村民会在食用前将香猪腿煮至半熟,或者用炭火将腿表皮烘烤,然后切成小块或撕成粉丝状,将其搭配上青稞茶或猪皮茶一起供应,成为待客或享用的美味佳肴。这些香猪腿以其独特的制作方法和口感成为了莫洛村的一道特色美食(表4-2-7、图4-2-17、图4-2-18)。

非物质文化遗产文化表现形式简况表(B6丹巴香猪腿制作技艺及食用习俗)　　表4-2-7

文化表现形式	代码	类别	名录批次	公布时间
丹巴香猪腿制作技艺及食用习俗	B6	民俗	四川省省级第六批	2023年4月

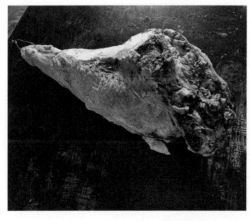

图4-2-17　莫洛村丹巴香猪腿

图4-2-18　手撕猪腿肉(来源:圣洁甘孜传媒)

八、嘉绒藏族新年

藏族新年是藏族人民最为隆重的传统节日之一，它根据藏历进行计算，每年冬月十二日为大年三十，这一天被视为新年的开始。在嘉绒地区，藏族新年又被称为"嘉绒代汝"节，其中"代汝"是嘉绒话中的词缀，意为报恩、回报。

这个节日在嘉绒地区具有深厚的历史传统。它源于一个古老的故事，讲述了阿米格尔东（Amigal Dong）的传奇经历。阿米格尔东是一位备受人们尊敬和感激的人物，他的仁慈和爱心留下了深刻的印记，成为了后人的楷模。因此，嘉绒藏族新年是为了纪念阿米格尔东的恩德和伟大事迹，以及表达对他的感恩之情而设立的节日。

在这一节日里，嘉绒地区的人们会举行各种庆祝活动，包括祭祀、舞蹈、歌唱、美食、礼物交换等，以表达他们对阿米格尔东的崇敬和感激之情。这也是一个家庭团聚、互相祝福、传承文化的时刻，整个节日氛围充满欢乐和庆祝。通过嘉绒藏族新年，人们不仅庆祝新的一年的到来，还将这个节日视为对阿米格尔东的回报和纪念，弘扬着他所代表的价值观和美德。

嘉绒藏族新年在庆祝方式和氛围上与汉族的过年相似，同样是一个盛大而隆重的节日。在临近新年之际，村寨的每家每户都会忙于准备年货，类似于汉族的春节准备。在嘉绒藏族新年的前几天，人们会进行彻底的清扫，将家具、角落、抽屉等都清理得干干净净，以迎接新年的到来。

在新年的当天，村民们会准备丰盛的年夜饭，有些人还会在锅庄中煨上烧酒，餐桌上少不了酸菜包子、火烧子、馍馍，以及香猪腿等美味佳肴。整个家庭会围坐在锅庄周围，从老到小依次而坐，共同分享这一盛宴。这个节日不仅是亲人团聚的时刻，也是传统文化和价值观传承的重要时刻（表4-2-8）。

非物质文化遗产文化表现形式简况表（B7嘉绒藏族新年）　　表4-2-8

文化表现形式	代码	类别	名录批次	公布时间
嘉绒藏族新年	B7	民俗	四川省省级第六批	2023年4月

九、火烧子馍馍制作技艺

在丹巴县，火烧子馍馍是一道传统美食。古老的传说讲述，在嘉绒地区，早些年男人们常常前往山林打猎，为了方便携带食物，每人都携带一些面粉。当时没有便利的工具，人们将面粉搓成一种类似锅魁的形状，然后放在烤热的石头或烙铁上，烤至硬化，最后埋入灶灰中烤至熟透。卫生起见，这一方式后来逐渐用烙铁代替了石头。

制作火烧子馍馍的方式是，将面粉加入适量的冷水，反复揉搓，直至面团变得软硬适中，表面光滑。将面团分成圆形的大饼，并在热的烙片上烤熟。然后将烤好的大饼埋入细碎的热灰（子木灰）中，经过发酵后，成饼的口感会呈现出酸碱的综合特点。烤约15分钟，当拍击时发出扑扑的空气声音，即表明里外都熟透。去除大部分灰土后，即可食用，有些村民还会混合油泼辣椒、醋和蒜末制作蘸酱。

然而，在莫洛村制作传统的火烧子馍馍有一定限制条件，若民居中没有锅庄，仅使用厨房里的灶台无法做出正宗的丹巴风味火烧子馍馍。因此，村民做出了创新，采用事先发酵好的面团，在干铁锅上直接进行烤制。这种传统美食在当地人的心中承载着丰富的文化记忆与味觉体验（表4-2-9、图4-2-19）。

非物质文化遗产文化表现形式简况表（B8火烧子馍馍）　　　　表4-2-9

文化表现形式	代码	类别	名录批次	公布时间
火烧子馍馍制作技艺	B8	传统技艺	四川省省级第六批	2023年4月

图4-2-19　村民家自己做馍馍

十、嘉绒民歌——啦啦调

"啦啦"是嘉绒藏族民歌中的一种曲调名称。在丹巴县，"啦啦"调使用藏语的音调，歌词多以赞颂幸福生活为主，通常以康巴方言为基础。据当地村民所言，"啦啦"调的歌词一般以七个字为一句,共分为四小段,合共28个字。这种调式注重平仄对仗的整齐,其中约百分之七十的内容要押韵,通常在歌曲的开头和结尾都会押韵,这是为了确保用藏语演唱时音韵和谐。"啦啦"调一般属于口头传统,它没有受时间和空间的限制。在莫洛村,即使素未谋面的人,只要唱上几句"啦啦"歌,就能成为朋友,化身熟人。

村寨中有许多擅长唱山歌的高手。在过去的农耕时代,没有现代机器来协助劳作和生产,因此在农忙的时候,唱歌成了村民之间沟通交流的桥梁,大家互相以歌声作为联络方式。无论是在田间地头还是在深山林中,只要有闲暇,这些歌手就会随时唱出悠扬的"啦啦"调。这些歌谣不仅记录了过去的生活和文化,也传承了人们的情感和群体记忆(表4-2-10)。

非物质文化遗产文化表现形式简况表(C1嘉绒民歌——啦啦调)　表4-2-10

文化表现形式	代码	类别	名录批次	公布时间
嘉绒民歌——啦啦调	C1	传统音乐	甘孜藏族自治州州级第四批	2014年12月

十一、丹巴酸菜制作技艺

丹巴县地处横断山脉腹地,独特的地形地貌和地理位置使这里的人钟情于酸性食物。莫洛村制作的酸菜不仅蕴含着山野的美味,更带有藏族寨子独特的阳光氛围。在这个村寨里,制作酸菜通常选用村民自家田地里种植的圆根菜,圆根菜是一众具有代表性的高原蔬菜,全年四季都可得以栽培。

当圆根菜成熟之后,村民将它们小心地拔起,将块茎与叶片分离。菜叶用于制作酸菜,不需要的部分则被精心处理,供养猪类食用。被切下并清洗干净的叶片被放入锅中蒸煮,待至七分熟时捞起,然后装入坛子中,与预先准备好的酵水(酸水)一同倒入,坛口随即密封。几天后,当香气四溢时,酸菜便可食用。与其他地方的酸菜以咸鲜为主不同,莫洛村的酸菜以酸味为主,咸味为辅,再加上微妙的香辣,即使单独品尝也能回味无穷,堪称下饭的美味佳肴。莫洛村的酸菜可以直接享用,也能用来制作美味的酸菜包子、酸菜肠子、酸菜猪皮面块等特色美食。这些传统风味不仅彰显了当地的独特文化,也让人们领略到了山区生活的韵味(表4-2-11、图4-2-20~图4-2-22)。

非物质文化遗产文化表现形式简况表(C2丹巴酸菜制作技艺)　表4-2-11

文化表现形式	代码	类别	名录批次	公布时间
丹巴酸菜制作技艺	C2	传统技艺	甘孜藏族自治州第七批	2021年5月

图4-2-20 酸菜炒猪肉

图4-2-21 莫洛村村民田地里种植的圆根菜

图4-2-22 村民家腌制酸菜的坛子

十二、猪皮茶制作技艺

在藏族饮食文化中，茶扮演着至关重要的角色，可谓是不可或缺的精神食粮。藏地谚语有云："宁可三日无粮，不可一日无茶"。茶在藏族生活中分为多种类型，如酥油茶、甜茶（奶茶）、清茶等，其中以酥油茶为最为普遍和盛行。无论是饭前饭后，还是睡前起床，甚至在劳动过程中，人们总会沏上一碗茶，这成为了日常生活中的必不可少的仪式。各种聚会活动开始之际，首先会点燃烧茶的大锅，专人负责确保茶水的充足供应。

莫洛村的茶文化更加丰富，村民在酥油茶中加入猪头皮颗粒，形成了独特的猪皮茶。这种茶的制作源于春耕、秋收和建房等重体力劳动开始和结束时，旨在补充能量和减轻疲劳。制作过程开始于将猪皮切成均匀的颗粒，煮至七分熟，然后晾干，接着油中炸至金黄色，最后冷却备用。制作酥油茶时，选择猪油、牛油、羊油之一或混合，炼至刚起油烟，加入炒面，再倒入清茶，放入炸好的猪皮，充分搅拌融合，待茶水熬开，即可享用。有些村民可能会添加鸡蛋、核桃碎粒等以增加茶的香味和热量。这种猪皮酥油茶更加美味香浓，茶水渗透猪皮的酥脆口感，使其变得柔软可口，增添了独特的风味。在莫洛村，饮用这种猪皮茶不仅是一种味觉享受，更是对传统文化和劳动精神的尊重与传承（表4-2-12、图4-2-23、图4-2-24）。

非物质文化遗产文化表现形式简况表（C3猪皮茶制作技艺）　　表4-2-12

文化表现形式	代码	类别	名录批次	公布时间
猪皮茶制作技艺	C3	传统技艺	甘孜藏族自治州第七批	2021年5月

图4-2-23　炸制好的猪皮

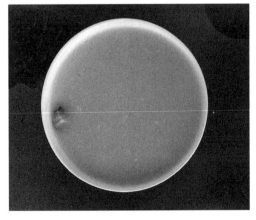

图4-2-24　莫洛村猪皮茶

十三、孔雀锅庄

孔雀锅庄，作为丹巴锅庄的一种独特表现形式，融合了象征性的图腾崇拜和对自然的崇敬，赋予了动物以吉祥的寓意。这种锅庄舞蹈在丹巴县内颇具特色，承载了古老的信仰和文化传承。

在特定的庆祝场合，孔雀锅庄的舞者，通常由主人家或领舞的长者与参与者协商决定。这种锅庄舞蹈通过特定的动作和歌曲，生动展现了孔雀的日常行为，如喝水、进食、舞蹈等。舞蹈的过程描绘了孔雀走近、觅食、饮水、与伙伴共舞，最后翩翩飞离的场景，别具一格，富有生动的表现力。

孔雀锅庄的存在，不仅延续了古老的传统，还融入了人们对于自然的景仰和祝愿。通过这一锅庄舞蹈，人们向孔雀这一灵动的生物致敬，将其活泼的动作与节日喜庆紧密结合，传递出健康、幸福的祝福，成为丹巴文化的重要组成部分（表4-2-13）。

非物质文化遗产文化表现形式简况表（C4孔雀锅庄）　　　表4-2-13

文化表现形式	代码	类别	名录批次	公布时间
孔雀锅庄	C4	传统舞蹈	甘孜藏族自治州第七批	2021年5月

十四、阿吾来锅庄

阿吾来锅庄，作为丹巴锅庄的重要组成，展现了对大自然的崇敬，赞颂了日月星辰、山川风景等自然元素。这种锅庄舞蹈属于大锅庄的范畴，需要宽阔的舞蹈场地和众多的参与者，通常在重要的节庆日或特定的庆祝活动中才会被呈现。

阿吾来是一种藏族特有的歌唱方式，歌词可以根据不同情境进行变化。这种歌唱方式贯穿于锅庄表演中，与歌曲的节奏相契合，从而增添了舞蹈的活力。在舞蹈动作方面，阿吾来锅庄没有固定的规定，舞者们可以随着歌曲的旋律表达自己的情感和感受。阿吾来锅庄的独特之处在于它将歌唱和舞蹈紧密结合，突显了对自然界的敬仰和赞美（表4-2-14）。

非物质文化遗产文化表现形式简况表（C5阿吾来锅庄）　　　表4-2-14

文化表现形式	代码	类别	名录批次	公布时间
阿吾来锅庄	C5	传统舞蹈	甘孜藏族自治州第七批	2021年5月

十五、丹巴嘉绒婚俗

纳日子：在嘉绒藏族的婚礼中，选择一个黄道吉日是必不可少的环节。双方家长会携带新人的生辰八字前往寺庙，请喇嘛为他们选定吉日。这一天被称为"纳日子"，意味着吉利的日子。

送亲：在结婚当天，新娘完成妆扮后，她会跪坐在地上，直系亲属的长辈为她祈福，并默念吉祥的祝福语。然后，他们会为新娘披上洁白的哈达，这象征着祝福和纯洁。通常在早上8~9点，整个送亲的仪式开始。送亲时，左邻右舍以及其他村寨的亲朋好友都会前来参加，有100~200人。伴随着欢快的山歌声，队伍浩浩荡荡地前行。按照传统，他们必须在太阳未落山之前进入新娘的家门。通常，他们在中午12点之前就会抵达。

进门：送亲队伍到达新房时，唢呐、铜号会齐鸣，在高碉上和民居楼顶柏枝香烟袅袅上升（煨桑）。在大门前和木梯旁，年长的长者们笑容满面，手持金银镶嵌的木碗，依次敬酒。在新娘的装扮一新的藏房内，娇小俊美的少女们手持绘有龙飞凤舞图案的茶盘，盛满热腾腾的包子和香猪腿。英俊勃发的伙子手托银茶壶，献上香喷喷的酥油茶。

婚礼仪式：正式的婚礼仪式从午饭开始，由女方的舅爷主持。仪式场地的摆设非常精心，中央摆放着一幅巨大的八宝图和神像，象征着吉祥、和谐和幸福。神像两侧挂着十二生肖的唐卡画，寓意美满、五谷丰登和六畜兴旺。在唐卡的前方，摆放着十多盏明亮的酥油灯，闪烁着神秘而古老的光芒。当新人双方登上舞台后，他们的亲戚会依次上台发表精彩的祝辞。祝辞的开场通常由男方的长者进行，内容从盘古开天地、地球的形成，一直谈到人类的诞生和社会的发展。最后，祝辞将新娘和新郎比喻为天上的飞鸟、林中的小鹿、海中的鱼儿和芬芳的檀木，以表达祝福之情。随后，众人会齐声诵读神仙的保佑和老天的恩典，祈愿合家幸福。祝辞结束后，来宾依次上台献上哈达，以表达祝贺之意。

文娱活动：在所有好友献完哈达后，正式的宴席开始。新人可以下台休息，而双方的亲戚则上台表演各种节目，形式多样，包括歌曲和舞蹈，演出人数从一个人到多人不等。丰富多彩的节目让前来参加婚宴的人们欢聚一堂，共同享受美好的时光。宴席结束后，主人家会安排场地供大家跳锅庄舞，这一欢乐的氛围会一直延续到深夜，稍年长的亲朋和住得较远的朋友会回家，而年轻人则会在篝火旁边继续跳锅庄，边跳边对唱情歌，直至天亮。

谢客：第二天，结婚的双方家庭各自在家中摆设宴席，以答谢前两天来家中帮忙的亲朋好友。在丰盛的饭后，大家会继续跳欢快的锅庄舞，共同享受着这个喜庆时刻（表4-2-15、图4-2-25~图4-2-27）。

非物质文化遗产文化表现形式简况表（C6丹巴嘉绒婚俗）　　表4-2-15

文化表现形式	代码	类别	名录批次	公布时间
丹巴嘉绒婚俗	C6	民俗	甘孜藏族自治州第七批	2021年5月

图4-2-25　嘉绒婚礼现场

图4-2-26　亲朋好友为新人献哈达

图4-2-27　婚礼现场亲友跳舞为新人献祝福

十六、猪膘制作技艺

在嘉绒语中被称为"大古儿"的猪膘，与香猪腿一样，是丹巴县独特的土特产之一。这种猪膘不仅代表着一种食物保存的方式，还蕴含着深厚的饮食文化和财富象征。在莫洛村，每个家庭都会制作猪膘，这是一种传统的做法。猪膘是由猪的肥膘制成的，制作过程中需要将猪的四个"肘肋"肉割下，去掉头和项圈，然后从背部剖开，制成两片猪膘。接着，将猪膘在开水中煮至半熟，取出后用木棍将其撑开，然后在露天地方冷冻两天晚上，白天温度上升时将其搬回屋内，等到基本成型后进行晾晒。通常，每户人家都在藏房的二楼设有专门的房间用来存放这些肉制品，房间内搭有架子，猪膘平放其中，一片接一片。家庭富裕的人每年都会积累一定数量的猪膘，几年后，这些储存的猪膘就能填满一个房间。

在莫洛村，猪膘的食用方式有着独特的特点。一般而言，人们在食用猪膘肉时不再进行其他复杂的加工，而是将其切成小块，直接品尝。口味偏重的村民可能会准备一个干碟，其中放置花椒、辣椒粉等调味料，然后用猪膘肉蘸取调味料后食用。此外，猪膘肉还可以与其他食材一起烹饪，例如可以将猪膘肉切成肉丝，与青椒一同炒制，这样肥肉与其他食材的搭配会带来美味的享受。

在过去，特别是在办丧葬仪式时，家庭会准备一扇猪膘肉，作为一种特殊的食品馈赠。当家里有子女去参加别人的丧葬时，他们会携带一扇猪膘肉前往，作为悼念的一种表达。与此同时，主人家也会将猪膘肉赠送给前来悼念的人，作为一种感谢和谢礼，尤其是赠送给寺庙的喇嘛等人（表4-2-16、图4-2-28）。

非物质文化遗产文化表现形式简况表（C7猪膘制作技艺）　　表4-2-16

文化表现形式	代码	类别	名录批次	公布时间
猪膘制作技艺	C7	州级	甘孜藏族自治州第七批	2021年5月

图4-2-28　村民储存的猪膘肉

十七、酸菜肠子制作技艺

酸菜肠子是一道美食，其制作原料通常包括酸菜、猪肉、荞面，以及花椒、生姜、八角等调料。在冬月腊月时，村民宰杀年猪，会保留猪血和猪肠以备制作酸菜肠子。制作过程如下：将荞面与猪血混合搅拌成糊状；切细丝或块状的村民自家泡制酸菜放入猪血糊中；逐步加入生姜、花椒、八角、盐等调料，搅拌均匀；用盐清洗猪肠多次，去除腥味；将肠衣一端系紧，用漏斗将酸菜猪血混合物注入肠内，然后系紧另一端；将填充好的酸菜肠子逐圈放入开水锅中煮熟。

在莫洛村，有一项有趣的传统习俗。在过年之前，兄弟姐妹之间会互相串门送礼。其中伴手礼通常由一片瘦肉、一片肥肉、一些猪内脏，以及制作好的酸菜肠子组成。根据莫洛村的老人所说，这种传统礼节能够体现家人之间的血缘关系，连接着亲情纽带。这一风俗不仅传承了美食文化，还强调了家庭的团结和情感联系（表4-2-17）。

非物质文化遗产文化表现形式简况表（C8酸菜肠子制作技艺）　　表4-2-17

文化表现形式	代码	类别	名录批次	公布时间
酸菜肠子制作技艺	C8	州级	甘孜藏族自治州第七批	2021年5月

十八、酸菜猪皮面块制作技艺

酸菜面块是嘉绒藏族传统的美食，以酸菜和手工制作的面块为主要原料。酸菜通常是村民自家泡制的，面块也是手工擀制而成。制作过程如下：

面块制作：将面粉倒入盆中，逐渐加入清水揉搓，直至面团具有一定的弹性。然后使用刀削或手工将面团切成大小均匀的面块。猪皮炸制：将切成块的生猪皮倒入锅中翻炒。当听到噼噼啪啪的响声，观察到猪皮膨胀开来时，将猪皮捞出晾凉备用。酸菜烹饪：将自家腌制的酸菜洗净切开，倒入猪皮炸出的油中翻炒。炒制大约3分钟后，加入热水熬煮。加入面块：当锅中的汤沸腾后，将制作好的面块放入汤中煮熟。调味：待面块熟透后，加入适量的盐等调料。然后倒入炸蓬松的猪皮，搅拌均匀。上碗：将煮好的酸菜猪皮面块盛入碗中。喜欢辣味的人可以添加一些油辣子。

酸菜猪皮面块味道鲜美，兼具咸、酸和微辣的特点。这道美食适合开胃和饱腹，而且所使用的食材均由村民自家制作，呈现了家乡风味的独特魅力。无论是早餐、午餐还是晚餐，都是一道美味的佳肴（表4-2-18、图4-2-29）。

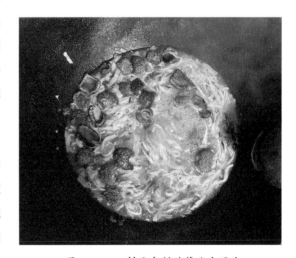

图4-2-29　村民自制酸菜猪皮面块

非物质文化遗产文化表现形式简况表（C9酸菜猪皮面块制作技艺）　表4-2-18

文化表现形式	代码	类别	名录批次	公布时间
酸菜猪皮面块制作技艺	C9	传统技艺	甘孜藏族自治州第七批	2021年5月

十九、红军驻防丹巴期间的故事

1935年10月至1936年7月,红军在丹巴前后驻留时间约十个月。在驻留期间,建立了游击队、各级的群众组织,建立了中共丹巴县委和7个区委;建立了丹巴县苏维埃政权和7个区级、47个乡级苏维埃政权。成功地实施了共产党的民族政策和宗教政策,实践了民族自治政策,建立历史上第一支藏族红军——丹巴藏民独立师。丹巴作为红四方面军南下和西进康北的后方和中转基地,为红四方面军数万人马成功翻越党岭雪山西进康北,与红二、六军团在甘孜会师作出了重大贡献。

而此前,在1935年6月,红四方面军部队曾短暂进入过丹巴县境。1935年3月底,红四方面军为了策应党中央率领的红一方面军北上入川,撤离川陕革命根据地,从苍溪强渡嘉陵江,先后占领川西北一带的北川、松潘、茂县、理番等地。6月12日,红四方面军七十四团在达维镇与红一方面军的一军团二师四团胜利会师。为保证两大主力军会师后的侧翼安全,总部随即派红九军二十七师八十一团向丹巴挺进,以阻击川康方面的敌人。

6月14日晨,在丹巴藏民马骏的向导下,红九军二十七师八十一团沿小金川而下,经太平桥、喇嘛寺、半扇门、岳扎突破长沙坝防线,占领三岔河及对面的日坡山,隔大金川与县城守敌对峙。同时,红军一部绕道中路,翻过大寨梁子,占领大渡河东岸的梭坡,与西岸之敌对峙。至此,红八十一团已占领小金区和川口区的中路和梭坡。丹巴五条河流汇集于三岔河,为大渡河的源头,也是丹(巴)懋(功)路的必经之地,离县城约1公里,其上有横跨大金川的甲楚桥(中华人民共和国成立后更名为红军桥),是通往县城的主要通道。红军占领三岔河后,计划过甲楚桥进攻县城,但因敌人的重兵把守,红军未能从甲楚桥进县城,便决定在梭坡渡河,从宋达攻打县城。起初,红军在无渡船的情况下,借用自布寺的木柜(喇嘛打坐用的坐柜),翻转当船使用,但因大渡河水流湍急,无法过河,一个木柜不行,又将两个连在一起,当10余名红军战士渡到河中急流处,船又被急流打翻。红军见上述办法不行,便动员当地群众捐木头、绳索、牛皮等,制作了几只木筏和皮船。6月22日凌晨,在当地老百姓的帮助下,从中路越过山梁到达莫洛村,子下侧的正布厕嘛寺河坝,红军分乘木筏和皮船,从自布寺下的渡口过河,但遭到来自白呷衣山、蒲角顶、格宗之敌的三面夹击。鏖战四五小时后,过河的战士只好乘木筏和皮船退回,在返回途中一只木筏被敌人打翻,10余名红军战士不幸牺牲。红军未能攻占县城,就在梭坡、中路、岳扎、半扇门、太平桥等地宣传党的政策,发动群众,建立人民政权和群众组织。红军开始北上后,在丹巴的八十一团奉命于7月中旬撤离丹巴,返回懋功。红军第一次到丹巴虽然未能攻占县城,但使丹巴人民对红军有了一定的了解,也使国民党反动派更加恐惧,并派出重兵布防于大小金川一带(表4-2-19、图4-2-30)。

非物质文化遗产文化表现形式简况表（D1红军驻防丹巴期间的故事）　　表4-2-19

文化表现形式	代码	类别	名录批次	公布时间
红军驻防丹巴期间的故事	D1	民间文学	丹巴县县级第七批	2020年4月

图4-2-30　大渡河边的红军纪念碑

二十、东女国的故事

据《大唐西域记》的记载："世以女为王，因以女称国。夫亦为王，不知政事，丈夫唯征伐、田种而已"，这便是东女国。现在许多学者都认为东女国就是"女儿国"的原型。根据隋唐时期不同的史料记载发现，东女国是由古羌人的一个分支"苏毗部族"于南北朝时期建立的，存在时间大致为公元前350年至630年。

在地理上，东女国"东与茂州、党项接，东南与雅州接，东西长，南北狭，中有可行船的由北向南流的河流"。对应到现在中国的版图上来说，就是位于青藏高原的四川阿坝州、甘孜州丹巴县和西藏自治区昌都市一带，现代考古学家还曾在阿坝州发现了东女国王城的遗址。

根据当地人的说法，"嘉绒"在此地意为"女王的河谷"，古时这里是东女国，国王是丹巴地区的一位美丽女性。东女国的历史神秘地消失，其故都遗址位于丹巴中路乡，在横断山脉雅砻江走婚大峡谷中，保留着古老神秘的母系氏族"走婚部落"和女性文化的遗风。

据藏学专家任新建在他的著作《西域黄金》中观点，茂州即今四川茂县、汶川一带，雅州即今四川雅安，白狼夷即今四川理塘一带，罗女蛮则是今四川西昌一带。按照马道行程的计算，东女国的中心应位于丹巴一带。记载中显示，在东女国，国王和官吏均为女性，国内的男性不从事政治，仅从事征战和农耕。由于女性稀缺且地位显赫，采用多夫制，女王被多名男性伴侣侍奉。当时东女国有四万余户，分布在山谷中八十余座聚居点，每处居所都建有"重屋"，即碉房；居民住六层以下，而女王则居住在九层楼。可见，东女国以其高耸的碉楼和卓越的建筑技艺著称，女王地位崇高。此外，东女国还崇尚女性穿着青（黑）色服饰，而男性则喜欢赭面。在丹巴，女性服饰尽管华丽，但主色调始终是黑色，保留了宫廷的古典风韵。丹巴的"锅庄"舞曲调为拉拉调，带有明显的宫廷音乐特色（表4-2-20、图4-2-31）。

非物质文化遗产文化表现形式简况表（D2东女国的故事）　　　表4-2-20

文化表现形式	代码	类别	名录批次	公布时间
东女国的故事	D2	民间文学	丹巴县县级第七批	2020年4月

图4-2-31　莫洛村东女王栓马石

二十一、东女王泪水河的传说

唐代时期,吐蕃人和唐朝人把居住在墨尔多神山周围千里之地的部族称为"嘉莫查瓦绒","嘉莫"是指女王,"查瓦绒"是指河谷,合起来意即为"女王的河谷"。后人将"嘉莫查瓦绒"简称为"嘉绒"。根据藏学专家考证,丹巴县一带是东女国的中心。在东女国,国王与官员均为女子,男子不能从政,只能任征战与种田之役。历史上神秘消亡的东女国故都遗址就在丹巴县的中路乡。而发源于丹巴的大渡河,当地话叫"嘉莫欧曲",意为女王的汗水和泪水汇成的河流,即女王之河(表4-2-21、图4-2-32)。

非物质文化遗产文化表现形式简况表(D2 东女王泪水河的传说) 表4-2-21

文化表现形式	代码	类别	名录批次	公布时间
东女王泪水河的传说	D2	民间文学	丹巴县县级第七批	2020年4月

图4-2-32 大渡河

二十二、丹巴古碉的传说

在莫洛村，流传着一个古老的关于碉楼的传说。相传在很久以前，大渡河中栖息着凶猛的妖魔，专门捕食男童的灵魂。为了祈求孩子健康成长，村民们采取了一种特殊的保护措施。每当有一家生下男孩，他们就会开始修建一层碉楼。与此同时，还会打造一坨毛铁并埋在土中。随着孩子每年长一岁，他们会将毛铁从土里取出并进行打炼。当孩子长到十八岁时，高碉也修建到了十八层，而毛铁也被锻造成了一把坚韧的钢刀。这时，村民会举行成人仪式，将钢刀赐予男孩，象征他已经成为一个勇敢的成年人，可以勇敢地战斗，驱除妖魔。在乾隆王朝两次出兵金川之后，叛逆势力被平定，为莫洛村带来了相对稳定和统一的社会环境。这个时期人们开始过上宁静的生活，而高碉的历史也经历了一次分水岭。高碉不再仅仅是战争工具，它逐渐融入了人们的文化生活，对他们产生了深远的影响。

另一个民间故事中，国王为了给自己的王子找媳妇，召集全国的姑娘们站在高碉下。经师站在高碉上念完经文后，王子将春盐棒从高碉上扔下，落在谁的围裙里，谁就成为了王子的妻子。这个故事与之前提到的修筑高碉和男孩成人仪式的传说相互关联，共同揭示了高碉在当时人们心目中的神圣地位和图腾崇拜，这也是高碉文化的一个独特特点。根据村寨内的老人们所言，曾有一段时期，高碉的存在与大小是家族和血脉根基的象征。没有高碉的人家，他们的儿子很难找到媳妇。许多关于高碉的传说进一步证明了高碉文化的演变和深远影响（表4-2-22、图4-2-33）。

非物质文化遗产文化表现形式简况表（D3丹巴古碉的传说）　　表4-2-22

文化表现形式	代码	类别	名录批次	公布时间
丹巴古碉的传说	D3	民间文学	丹巴县县级第七批	2020年4月

二十三、建房完工仪式

在莫洛村，修建一座房子不仅仅是一家之事，而是整个村寨的盛大事件。邻里亲戚和周边村庄的居民都会前来助力，这是一项大家共同参与的工作。帮助修房的人们并不求酬劳，但每天的女主人都会准备美味的奶茶和点心来款待劳动者。待日后其他村庄需要修建房屋时，之前受到帮助的村民则会前去回报恩情，这被称为"还工"。待房屋修建完成后，村民会通知本村以及周边村庄的人前来参加"界洽"仪式（嘉绒语中意为房子酒）。在这个仪式上，房主会为前来祝贺的人准备一整天的茶点和食物。对于前来祝

图4-2-33　莫洛村现存四角碉楼和八角碉楼

贺的村民来说,参加别人新房竣工的祝贺是一项非常庄重的活动,他们会穿戴得十分得体。大家会聚集在一起,欢聚一整天,尽情享受美食和喜庆氛围,从早上一直持续到晚上。在这个特殊的时刻,人们共同分享着欢乐和祝福,共同庆祝房屋建成的重要时刻。

当房屋竣工封顶后,会前往寺庙请喇嘛算出吉祥的日子,进行祭拜仪式。房屋外部和内部装修完工后,还需请喇嘛选定一个吉祥的日期举行搬家仪式。搬迁当天,喇嘛会到新房内为居民挂上幡旗,进行经文念诵。村里的妇女会背着干柴和提着水桶,向新房走去,将干柴放在锅庄旁边。接着,一个被喇嘛选出的家庭成员会登上房屋顶,点燃桑烟,将五色粮食撒在祭塔上,然后虔诚地祈祷。所有这些仪式完成后,第二天家人们会携带自己的物品入住新房,这意味着正式可以开始新的生活(表4-2-23、图4-2-34)。

非物质文化遗产文化表现形式简况表(D5建房完工仪式)　　表4-2-23

文化表现形式	代码	类别	名录批次	公布时间
建房完工仪式	D5	民俗	丹巴县县级第七批	2020年4月

图4-2-34 莫洛村建房现场

二十四、编制麻布技艺

莫洛村，村民会自己使用工具编织嘉绒藏族的服饰的毡子和麻布。编织麻布的原料有绵羊毛、棉花、牦牛毛、麻等。编织的工具包括：4根短棍、1根可长可短的换线工具（梭子，藏语中称为"色儿若"）、1把织刀（藏语称"哒枷"）、腰机（通常位于民居三层上，一端捆绕在木桩上，另一端在线绳头上，工作时将线绳头的一端套于腰间，在可以将经线拉直的距离处坐下），所有的工具均为木制品。编织的过程：首先整理毛料，在所有毛料中挑选上等材料进行纺线，用一种名为"夏拉"的工具将挑选出来的毛料用手工纺织成毛线以备用，在腰际上用毛线织布，最后悬垂定型，最后用粮食水搓洗晾干便可以进行裁布缝制。

毡子和麻布的编织只是少用换线工具，编织工具大同小异。通常，用绵羊毛编织的毡子可以制作成衣服，俗称为"毡衫"，而在嘉绒语中被称为"普董"。这种毡衫适用于男女老少。毡衫有两种颜色，即黑色和白色，均采用绵羊毛的原色制成，因此有黑毡衫和白毡衫之分。此外，山羊毛线编织的毡子用白毛线编织可以做成绑腿，而用黑毛线编织则可以制成毛毯。这种毛毯在外出露宿或上山采药时常作为备用之需。由于这种毛毯质地细密，不易渗水，因此不仅可以用作毯子来除湿，还可以顶在头上遮雨避风，起到伞的作用（表4-2-24、图4-2-35～图4-2-37）。

非物质文化遗产文化表现形式简况表（D6 编制麻布技艺）　　表4-2-24

文化表现形式	代码	类别	名录批次	公布时间
编制麻布技艺	D6	传统技艺	丹巴县县级第七批	2020年4月

图4-2-35　编制麻布的腰机

图4-2-36　莫洛村村民正在使用腰机编制

图4-2-37　村民编制成型的毪衫

二十五、丹巴锅庄舞

锅庄是藏族民居中的火塘，相传以前藏族人民喜爱围着锅庄跳舞，此后便称这种舞蹈叫做锅庄舞。丹巴锅庄历史悠久，据《丹巴县志》记载，"丹巴锅庄形成于隋唐时期"。从演出的程序和古老锅庄《牟甲舞》《且索》中均表现出源于古代祀性歌舞的影子。最早用汉文记述丹巴丹巴锅庄的是清朝吴德熙同治年间撰写的《章谷屯志略》："夷俗没逢喜庆，辄跳锅庄，自七八十人至一二百人，无分男女，附肩联臂，绕迟而歌，所歌者数十百种，首尾有定局。"千百年来，丹巴藏族祖祖辈辈将这种自娱性、传承性极强的特殊舞蹈继承下来，成为精神生活中一个重要的组成部分。

锅庄舞分为大锅庄（藏名达尔嘎底）、小锅庄（藏名达尔嘎薏依）。大锅庄属礼仪性舞类。多数在正式的场合或有重要庆祝时跳，要求舞蹈的形式更为严格。一般会提前指定一位德高望重的男性长者作为领舞者，参与者要着藏族盛装服饰，这种舞蹈具有一定的舞蹈程式，舞步稳重，舞姿端庄，表达厚诚之情。小锅庄属自娱乐性舞类。它不拘形式，随时随地都可以跳，锅庄房、院坝里，甚至劳动场所。小锅庄领舞者可男可女，不受限制。小锅庄内容多表现爱情、劳动、花鸟、自然等，因而活泼，洒脱，长袖挥舞，步伐欢快自如。

丹巴锅庄有较严格的程式。锅庄舞蹈开始时，首先由德高望重者献酒和哈达，男女双方各为一队，面向中央，围成一圈，男队在前领头，中、老年女队随后，青年女子排在最后。男领队者为德高望重、能歌善舞的长辈。一场跳罢，第二场开始时，又根据辈分和声望，另选一牵头者。男女两队围绕中心反复旋转，呈现多种队形，其中以罗布嘎且（喜旋纹）队形最具特色，造型十分优美。锅庄对参加人数无限制，可多可少，凡愿意参加者都可以加入其中并会受到欢迎（表4-2-25、图4-2-38、图4-2-39）。

非物质文化遗产文化表现形式简况表（E1丹巴锅庄舞） 表4-2-25

文化表现形式	代码	类别	名录批次	公布时间
丹巴锅庄舞	E1	传统舞蹈	——	——

二十六、正月庙会文化

每年农历正月初五，为纪念苯波教有名喇嘛人圆寂升天，莫洛村的村民们会聚集在白塔文化院或自布寺举行正月庙会。根据佛经所言，这个时候进行善行、点灯、念经、拜佛等功德会得到十万倍的回报。在这一天，每户家庭都会全家出动前往寺庙，喇嘛们会主持

图4-2-38 丹巴锅庄舞现场

图4-2-39 丹巴锅庄舞现场（男女两队）

仪式，而其他村民则会进行转经、点灯、烧香祈福等活动（表4-2-26）。

非物质文化遗产文化表现形式简况表（E2正月庙会文化）　　　表4-2-26

文化表现形式	代码	类别	名录批次	公布时间
正月庙会文化	E2	民俗	——	——

二十七、嘛呢经文化

嘛呢是梵文佛经《六字真言经》的简称，嘛呢经，流行在四川各地藏区，最初寓意是开春要念的经。每年春暖草绿，牧区准备游牧，农区即将春耕播种，牧民们便择日在野外搭帐篷，请喇嘛念5～20天的"嘛呢经"，祈求一年人畜两旺吉祥如意，念经的日期由喇嘛卜卦决定。

在莫洛村，开年后就可以做，通常在正月间结束，不能跨年，念"嘛呢经"的寓意是全年风调雨顺、万事顺意、避灾避难等。每逢此时村里60岁至70岁的阿婆阿爷空闲下来便会组织在一起相互到家中念经，属于一种群体行为，如果没有老人的家庭就需要请阿婆阿公们专门到家里来。

念"嘛呢经"前家屋要修缮收拾一番，糊墙、刷漆维修家具等。到念经当天，阿婆阿公清早在家中用完早餐就来，主人家兄弟姐妹到家里帮忙准备三餐的吃食，在念经中间要休憩15分钟，这时招呼大家喝茶、吃包子、馍馍等。仪式通常中午前就结束，午餐需要准备比较正式的桌席。午餐后兄弟姊妹阿婆阿公热热闹闹相聚一起唱歌、跳锅庄，天黑前老人家就会离开回到自己家中，主人家招待剩下的年轻人吃酸菜面块作为晚餐，饭后继续跳舞唱歌活动（表4-2-27）。

非物质文化遗产文化表现形式简况表（E3嘛呢经文化）　　　表4-2-27

文化表现形式	代码	类别	名录批次	公布时间
嘛呢经文化	E3	民俗	——	——

二十八、哑巴经文化

哑巴经会举行期间，要求参与者禁食且不能说话，这也是"哑巴经"名称的由来。在四川的各藏区，举办时间上，一般念毕"嘛呢经"后，会继之念三天的"哑巴经"，莫洛村的村民则选择在农历八月十五念"哑巴经"，各地举办哑巴经会，要求也各有差别。

在莫洛村，村民集中在自布寺参加哑巴经会，期间住在寺庙里，由寺中的喇嘛们主持仪式。活动的第一天晚上，参与者会进行全身清洁并享用丰盛的一餐。第二天，他们前往寺庙，必须完全禁食和禁水，同时禁止说话。在寺庙里，他们只能默默地进行转经、念经和磕头，而"哑巴经"的内容则是祈求神灵的保佑。直到第三天早上，他们才能恢复正常的交流和进食，然后返回家中。实际上，"哑巴经会"是一种沐浴斋戒的活动，目的是表现出对信仰的诚心，并祈求神明的庇佑，以免遭受不幸之灾（表4-2-28）。

非物质文化遗产文化表现形式简况表（E4 哑巴经文化）　　表4-2-28

文化表现形式	代码	类别	名录批次	公布时间
哑巴经文化	E4	民俗	—	—

二十九、恰支拉（儿童节）

以前，在每年农历二月初八，莫洛村中的15岁以下儿童会聚集在村寨内的一家人家，庆祝一年一度的恰支拉节日，也就是儿童节。这项活动每年由村民轮流承担组织工作。恰支拉节日的举办日正值树枝开始发芽的时候，孩子们用藤蔓制作手工花篮，每个孩子手持被捆绑的青枝条。不同种类的树被赋予吉祥寓意，如柳树代表绿松石，白杨树寓意黄铜，棉花寓意银条，并以祝福的话语来为花篮命名。孩子们沿着村寨的石板路挨家挨户拜访，期间唱歌跳舞。当到达每一户人家时，孩子们会将一把青枝条放在村民厨房的水缸上，而村民会回馈猪肉、面食、排骨等食物。孩子们会将收到的所有食材收集起来，带回当年组织者的家中，由组织者负责将这些食材烹饪成美味的食物，然后邀请所有的孩子一起享用。

在恰支拉节日期间，孩子们还会进行一个扮演女王的游戏，这一游戏延续了久远的女儿国文化传统（表4-2-29）。

非物质文化遗产文化表现形式简况表（E5 恰支拉（儿童节））　　表4-2-29

文化表现形式	代码	类别	名录批次	公布时间
恰支拉（儿童节）	E5	民俗		

三十、丹巴风情节

据实物和史料记载，在唐宋时期，丹巴县就存在举办嘉绒藏族风情节的民族习俗。丹巴嘉绒藏族风情节是一个有着悠久历史渊源和丰富文化内涵的节日，最早是先民们为了庆祝丰收而举行。

这是一个欢乐喜庆的节日，在夏季或者秋季丰收后的农闲期间，嘉绒藏族人民带着各家酿制的新酒，围着锅庄，喝着美酒，欢聚在一起。如何庆贺这个节日，在千百年发展进程中，形成一些较为固定的民族风俗。久而久之很多活动便随之沿袭下来，这些活动大多以跳锅庄、品美酒、唱山歌、选美女等形式开展。活动形式丰富多彩，带有浓郁的民族特色。

每年10月26日至10月28日，风情节会在县城中设立主会场，甲居乡、梭坡乡、中路乡、巴底乡等设置分会场。而梭坡乡的分会场通常就会落在莫洛村。这一天，全乡的人会聚集在一起跳锅庄，还会给年满18岁的女孩子们举办成人礼，场面热闹非凡（表4-2-30、图4-2-40）。

非物质文化遗产文化表现形式简况表（E6 丹巴风情节） 表4-2-30

文化表现形式	代码	类别	名录批次	公布时间
丹巴风情节	E6	民俗	—	—

图4-2-40 丹巴风情节（来源：丹巴县文体广电新闻出版局）

三十一、藏语文化

藏族是一个拥有自己语言和文字的民族。藏语属于汉藏语系藏缅语族藏语支，是中国藏族人民通用的语言。藏语具有独特的语音系统、语法结构和丰富的词汇，拥有高度的表达能力。此外，在不丹、锡金、尼泊尔、印度等地仍有一些人使用藏语。藏语主要分卫藏、康、安多三大方言区。卫藏主要是指现在的西藏自治区，康主要指现在的四川省甘孜藏族自治州、青海省的玉树藏族自治州等地区，安多主要指现在的青海，甘肃以及四川阿坝藏族羌族自治州等藏区。而在丹巴县根据所处地域和所使用方言的差别，又可以分为四大方言土语区。一是嘉绒语，使用这种语言进行交流的群落主要聚居在丹巴县巴底镇全部、巴旺乡一部，半扇门镇大部、太平桥乡大部；二是尔龚语，也称为革什扎语，主要分布在丹东镇大部、革什扎镇全部、巴旺乡大部、聂呷镇全部和东谷镇大部；三是康巴语，即二十四村话，主要分布于东谷镇一部，以及章谷镇、墨尔多山镇、梭坡乡、格宗乡全部和半扇门镇一部；四是安多语，区域内主要从事游牧的人员，当地俗称为牛场娃。其语言属于安多语系，故这些人员又被人们称为安多娃。主要聚居在丹东镇、巴底镇、革什扎镇、东谷镇、半扇门镇和太平桥乡，在这个区域居住的人们也能讲附近的农区语言。

藏文是一种拼音文字，有三十个辅音字母，四个元音符号和用来拼写外来语的五个反写字母、五个"送气"字母。每个音节的组成以基字为中心，又有上加字、下加字、前加字、后加字和再后加字等。都齐全时，很像一个十字架。书写时由左向右横写（表4-2-31）。

非物质文化遗产文化表现形式简况表（E7 藏语文化） 表4-2-31

文化表现形式	代码	类别	名录批次	公布时间
藏语文化	E7	民俗	——	——

三十二、嘉绒藏族高空吊厕文化

嘉绒藏族人的厕所是科学而卫生的，家家户户在墙面上伸出一箱板房，在下面的地板上开一个长方洞，出恭的人居高临下，便溺掉在数丈之下的田埂或相对应的凹槽里，丝毫闻不着臭味，虽不比抽水马桶先进，但较之茅坑，改良很多。在嘉绒藏族人民的理念中，世间万物都是循环反复的，他们认为经过劳动所获得的粮食被人食用、消化和排泄后，粪便能够作为肥料再次回到农田中滋养作物，以此达成万物往复闭环（表4-2-32、图4-2-41）。

非物质文化遗产文化表现形式简况表（E8 嘉绒藏族高空吊厕文化） 表4-2-32

文化表现形式	代码	类别	名录批次	公布时间
嘉绒藏族高空吊厕文化	E8	民俗	——	——

图4-2-41　传统藏族民居建筑中的高空吊厕

三十三、丧葬习俗

丹巴嘉绒藏族因居住地理环境和宗教信仰的不同，分别采用土葬、火葬、天葬、水葬和塔葬等丧葬方式。莫洛村以土葬和火葬居多，塔葬多为僧人的一种葬俗。在莫洛村，当家中有人去世时，会请寺庙的喇嘛前来进行法事，仪式通常从白天持续到晚上，大约为期3天。在此期间，家属需要为前来悼念的亲友准备食物，通常会提供自家的猪膘作为谢礼。根据逝者的性别，选择不同的木材制作棺材，男性多用核桃木，女性则多用梨树木。仪式结束后，尸体会被运到后山，用柴火进行火葬，然后将骨灰收集放入盒中。喇嘛会根据逝者的属相和去世时的时间来确定墓穴的位置，通常选在自家房屋周围的一段距离内。为了后续的祭祀需要，墓碑前会留有一个凹槽用于电灯，外部留有一小窗户方便开关，同时在前方有一块石板将其覆盖（表4-2-33）。

非物质文化遗产文化表现形式简况表（E9 丧葬习俗） 表4-2-33

文化表现形式	代码	类别	名录批次	公布时间
丧葬习俗	E9	民俗	——	——

三十四、祭灶神文化

祭灶神是藏族重要的宗教仪式之一。在藏族社会中，有一项源自数千年的传统规定，土司或头人管辖的百姓户数，以每户拥有一只铁三脚作为标准。这种铁三脚不可买卖，而是用来表示户口的标志。如果新成立一个户口，土司或头人会发放一只铁三脚和一块土地，作为新户的标识，随之土司头人会派遣乌拉（一种地方官员）并收取粮款。

铁三脚的右上角被视为灶神的位置。尽管没有实际的神像，但用一块石板或留下一个小孔来象征灶神的存在。在日常生活中，人们在用餐或饮酒时，会记得挑一点食物或洒一些酒在灶神所在的方位，以示尊敬（表4-2-34、图4-2-42、图4-2-43）。

非物质文化遗产文化表现形式简况表（E10 祭灶神文化）　　　表4-2-34

文化表现形式	代码	类别	名录批次	公布时间
祭灶神文化	E10	民俗	——	——

图4-2-42　莫洛村村民家中以食物祭灶神

图4-2-43　莫洛村村民家中以酒祭灶神

三十五、嘉绒藏族服饰文化

在嘉绒藏族的服饰文化中，可以分为盛装和便装两种风格。在重要的节日或庆典活动中，人们会穿着盛装，以展示自己的华丽和庄重。而在日常生活中，人们则穿着便装，更为轻便和实用。

女性头戴"巴惹"（即头帕），四周绣有彩色丝边图案。姑娘的头帕均有花绣，边角垂吊有花穗、梳发辫，中年以上妇女一般不绣花。上身穿长套装，外着肩披，腰着百褶裙，穿靴子。发辫上穿戴银饰中嵌有珊瑚、绿松石等珠宝的头箍。项链多为珠宝和"嘎乌"，佩戴银质珠宝镶嵌的耳垂和戒指，手镯多为象牙圈和银镯。腰两侧悬吊银垂铃，行走时有一片银铃声，清脆悦耳。男人头戴金毡帽、狐皮帽或博士帽，外着长套装（褚巴），顶挂珊瑚珠串，束腰带，佩腰刀，胸挂"嘎乌"，手戴戒指、手镯，脚穿藏靴，显得华贵、富有和庄重。

便装与前述比较，头上和手上几乎不变，只是身着长袖衬衫。姑娘一般为粉红色，妇女一般为白色。腰着围腰即方裙，分前围和后围。中年以下女性的围腰均有花绣，后围下摆边角还有丝穗，系花腰带，脚穿皮鞋，看上去显得轻盈、苗条。男人上身内着衬衫，外套布料褚巴（一般绾于腰间），足上可以是皮鞋，也可以是靴子，因地而异，男便装显得英俊、潇洒。另外，女性服饰还有四季和年龄之分。在春季服饰鲜亮，以桃花为形；夏季着单色彩衣，以杜鹃花为形；秋季着蓝色衬衫，以百合为形；冬季着皮裘缎衣，以梅花为形。老人服饰贵重而色彩单调，青年人服装鲜艳，中年人的服装则庄重而让人别具风度。嘉绒服饰也同样显示出民族文化的深刻内涵（表4-2-35、图4-2-44、图4-2-45）。

非物质文化遗产文化表现形式简况表（E11 嘉绒藏族服饰文化）　　表4-2-35

文化表现形式	代码	类别	名录批次	公布时间
嘉绒藏族服饰文化	E11	民俗	——	——

图4-2-44　着便装的嘉绒藏族女子

图4-2-45　着盛装跳锅庄的村民

三十六、转山节

转山节是藏族传统的重要节日，也叫作沐佛节或敬山神节，主要流行于四川省甘孜、阿坝等藏族地区。这个节日源自对佛祖释迦牟尼的纪念，据传佛祖在藏历四月十五日降生和圆寂，因此这个月是宗教活动频繁的时期。

在丹巴县梭坡乡，有着悠久的传统转山锅庄节。这个节日延续了传统庆典，同时也是优秀的嘉绒藏族歌舞文化的传承和弘扬。在这一天，整个乡村的人们穿着华丽的传统服饰，一起徒步前往孜巴龙神山，沿途挂满经幡和风马旗，抛撒五彩的"龙达"以祈福和祝福。

转山仪式通常持续约4个小时，最后集结在神山脚下的"达赞蹦"草坪上。人们会唱着藏歌，骑马欢腾，同时在草坪上搭帐篷。年轻女性会在帐篷里打扮装饰，为即将举行的女子成人礼仪式做准备。在德高望重之人的带领下，跳起欢乐的锅庄舞（表4-2-36、图4-2-46～图4-2-48）。

非物质文化遗产文化表现形式简况表（E12 转山节）　　　　表4-2-36

文化表现形式	代码	类别	名录批次	公布时间
转山节	E12	民俗	——	

图4-2-46　在转山节上跳锅庄的莫洛村村民

图4-2-47　在转山节上跳锅庄的莫洛村村民

图4-2-48　在转山节上赛马

三十七、燃灯节

燃灯节又称为"五公节",藏语称为"葛登阿曲",在俗语中也被称为元根灯节。它是藏族人民的一个重要宗教节日,通常在每年的藏历十月二十五日举行,持续一天。这个节日旨在纪念佛教改革家、格鲁派创始人宗喀巴大师的逝世。在莫洛村,村民会在寺庙内外以及家中的经堂点亮元根灯和酥油灯,使它们昼夜不熄灭(表4-2-37)。

非物质文化遗产文化表现形式简况表(E13 燃灯节)　　表4-2-37

文化表现形式	代码	类别	名录批次	公布时间
燃灯节	E13	民俗	——	——

第三节　莫洛村文化空间单元解析

一、房碉文化空间

房碉即碉楼和住房建筑连在一起,碉楼的入口在住房内。莫洛村中房碉有三处:其中五角房碉和一座四角房碉位于莫洛村上寨的碉楼群中;另外一座四角房碉位于莫洛村东部断家沟。

其中,上寨碉楼群中的四角房碉已经不再有人居住,目前被用作嘉绒碉楼文化博物馆。这座碉楼的建筑采用传统的碉楼营造技艺,使用了石头、黏土和木材进行建造。碉楼的尺寸为长7米,宽6.4米,据当地房主介绍,这座四角房碉已有800多年的历史,他是碉楼的第二十任主人。该建筑与传统的藏族民居类似,外部有石砌围墙,基本布置和建造技艺与其他藏族民居相似。一个较为独特的特点是,在经过三楼的平台后,可以通过独木梯进入碉楼。然而,这座碉楼本身存在一些安全隐患,墙体倾斜,房屋和碉楼之间也出现了裂缝(图4-3-1、图4-3-2)。

五角房碉位于莫洛村村寨中部的碉楼群中,距今已有500多年的历史。这座碉楼的建筑技艺和材料与其他碉楼相同,它有自己的附属民居,一直有人居住在其中,从功能上来看,它属于家碉。

这座五角房碉的尺寸为长6.9米,宽6.3米,呈五角形,但各个角并不对等,与星状五角不同。从南、北、西三个方向看,它看起来像是一个四角碉,但从东面看,有三个角呈梳子状,聚拢在东方,似乎在传递某种信息,暗含着一些意味。当地人称这座碉楼为"贡很呷孟措考"。其中,"贡很"意为上天,"呷孟"意为老祖母,"措考"意为专注一方。

图4-3-1 四角房碉一号文化空间(一)

图4-3-2 四角房碉一号文化空间(二)

总体来说，这座碉楼象征着面向上天的老祖母。传说中，这个地方是东女国神灵回荡之地，碉楼的三个角指向的是东女国的都城（图4-3-3、图4-3-4）。

图4-3-3　五角房碉文化空间（一）

图4-3-4　五角房碉文化空间（二）

图4-3-5 四角房碉二号文化空间

另一四角房碉位于莫洛村下寨的断家沟处，现已倒塌，仅存残碉，据当地村民叙述，从自己与上一辈人的记忆中没有找到碉楼倒塌的原因。使用材料与其他碉楼相同，与其相依的民居为传统的嘉绒藏族民居，仍有人居住，从功能上分，它属于家碉（图4-3-5）。

房碉文化空间主要承载的文化表现形式主要包括石板建筑建造技艺、顶毪衫歌、民间藏酒酿造技艺等10种（表4-3-1）。

房碉文化空间对应文化表现形式一览表　　　　表4-3-1

名称	代码	类别	保护名录	保护名录批准时间
藏族碉楼营造技艺	A1	传统技艺	国家级第二批	2008.6
顶毪衫歌	B1	民间音乐	四川省省级第一批	2007.3
民间藏酒酿造技艺	B3	手工技艺	四川省省级第一批	2007.3
藏族成人仪式	B4	民俗	四川省省级第一批	2007.3
藏族刺绣（嘉绒藏族刺绣）	B5	传统美术	四川省省级第六批	2023.4
丹巴香猪腿制作技艺及食用习俗	B6	民俗	四川省省级第六批	2023.4
嘉绒藏族新年	B7	民俗	四川省省级第六批	2023.4

续表

名称	代码	类别	保护名录	保护名录批准时间
火烧子馍馍制作技艺	B8	传统技艺	四川省省级第六批	2023.4
嘉绒民歌——啦啦调	C1	传统音乐	甘孜藏族自治州州级第四批	2014.12
丹巴酸菜制作技艺	C2	传统技艺	甘孜藏族自治州州级第七批	2021.5
丹巴猪皮茶制作技艺	C3	传统技艺	甘孜藏族自治州州级第七批	2021.5
丹巴嘉绒婚俗	C6	民俗	甘孜藏族自治州州级第七批	2021.5
猪膘制作技艺	C7	传统技艺	甘孜藏族自治州州级第七批	2021.5
酸菜肠子制作技艺	C8	传统技艺	甘孜藏族自治州州级第七批	2021.5
酸菜猪皮面块制作技艺	C9	传统技艺	甘孜藏族自治州州级第七批	2021.5
东女国的故事	D2	民间文学	丹巴县县级第七批	2020.4
东女王泪水河的传说	D3	民间文学	丹巴县县级第七批	2020.4
丹巴古碉的传说	D4	民间文学	丹巴县县级第七批	2020.4
建房完工仪式	D5	民俗	丹巴县县级第七批	2020.4
丹巴锅庄舞	E1	传统舞蹈	——	——
嘛呢经文化	E3	民俗	——	——
恰支拉（儿童节）	E5	民俗	——	——
藏语文化	E7	民俗	——	——
嘉绒藏族高空吊厕文化	E8	民俗	——	——
丧葬习俗	E9	民俗	——	——
祭灶神文化	E10	民俗	——	——
嘉绒藏族服饰文化	E11	传统技艺	——	——
燃灯节	E13	民俗	——	——

二、碉楼文化空间

碉楼文化在莫洛村村寨中共有5处，分别是八角碉楼、四角碉楼一号、四角碉楼二号、四角碉楼三号和四角母碉。碉楼在丹巴地区扮演着男子成长的见证角色，过去当一个男孩出生后，家庭会准备石材、木材等材料来建造碉楼，然后每年男孩长大一岁就会在碉楼上修建一层，直至18岁时举行成人仪式。女孩在17岁成年时也需要在碉楼下举行成年仪式。

八角碉楼位于莫洛村村寨中部的碉楼群内，起着明确的地标作用，已有800多年的历史。八角碉楼是丹巴碉楼中较为典型的一种，外部呈现16个角形，其中8个是向外凸起的阳角，另外8个是向内的阴角。内部采用圆筒形结构，最大程度地保证了碉楼的结构稳定性能。

关于八角碉楼的传说有许多版本。有些人认为它是一种风水碉楼，八角象征着吉祥，各个方向的好气息在这里汇聚，带来人丁兴旺的寓意，还能镇宅辟邪。也有人认为它代表权力和财富，象征身份和地位。另一种解释是它象征智慧，随着社会的发展和文明的提升，单纯的权力和财富已经不足以满足人们的需求，因此产生了用智慧来引导人们的想法。因此，各种形状的碉楼应运而生，如八角碉楼、五角碉楼、十三角碉楼等（图4-3-6）。

四角碉楼一号位于莫洛村上寨的东北处，据考察已经有590年的历史了。但由于年久失修加上无人维护，现在已经倒塌变成一座残碉。碉楼建造材料是石料、黏土和木材，整体建筑长7.7米，宽7米，高4.2米，内部呈"回"字形。从它在村寨的地理位置上来看，早前的功能应是作为村寨的寨碉，也就是防御外来侵害扰乱并供集体用以抵抗、藏身、储藏水和食物用（图4-3-7）。

四角碉楼二号位于莫洛村上寨北部，据村寨中心大约需要20分钟步行路程，距今有500年的历史，整个碉楼长7.3米，宽6.8米，内部呈"回"字形，从功能上来说属于家碉，防御范围仅在附近依附于它的住房范围内，但是现状附近已无传统藏族民居（图4-3-8）。

图4-3-6　碉楼文化空间（八角碉楼）

图4-3-7 碉楼文化空间（四角碉楼一号）

图4-3-8 碉楼文化空间（四角碉楼二号）

四角碉楼三号位于莫洛村下寨断家沟处，亦是镇守村寨的寨碉。四角碉楼建造的技艺与所运用的材料与其他碉楼相同，整个楼长6.7米，宽6.4米，内部呈"回"字形。

四角母碉在莫洛村村寨中部的碉楼群的南侧，据考察建造时间超过500年，所运用的材料与其他碉楼相同，长7.2米，宽7米。仅在外观上与其他碉楼有所区别，在建造过程中将碉楼每一层的结构木筋外露，从外部看整个碉身呈现横状条纹凹槽，这种类似女性百褶裙上的线条，因此得名为母碉（图4-3-9）。

碉楼文化空间承载的文化表现形式主要包括藏族碉楼营造技艺、嘉绒民歌——啦啦调、东女国的故事等7种（表4-3-2）。

图4-3-9　碉楼文化空间（四角母碉）

碉楼文化空间对应文化表现形式一览表　　　　　　　　　　　表4-3-2

名称	代码	类别	保护名录	保护名录批准时间
藏族碉楼营造技艺	A1	传统技艺	国家级第二批	2008.6
嘉绒民歌——啦啦调	C1	传统音乐	甘孜藏族自治州州级第四批	2014.12
东女国的故事	D2	民间文学	丹巴县县级第七批	2020.4
东女王泪水河的传说	D3	民间文学	丹巴县县级第七批	2020.4

续表

名称	代码	类别	保护名录	保护名录批准时间
丹巴古碉的传说	D4	民间文学	丹巴县县级第七批	2020.4
藏语文化	E7	民俗	——	——
嘉绒藏族服饰文化	E11	传统技艺	——	——

三、自布寺文化空间

自布寺文化空间位于莫洛村村寨南端，寺庙修建于1802年，属于笨波教派。1985年经甘孜州丹巴县人民政府批准开放，是村寨的宗教礼仪举办场所。整个空间的西侧是老自布寺的寺庙，但年代久远并且能容纳的空间不足等问题，在东面另修了一座新的主寺庙楼，南侧有可以用作祭祀活动的平台和白塔堆，北面则是一栋两层的禅房。每逢农历的初一、十五村寨内的村民会到自布寺中祭拜、许愿、自行开展宗教仪式。莫洛村每年的藏历新年、"哑巴节"和燃灯节等特殊活动的举办也会选择在自布寺（图4-3-10～图4-3-12）。

自布寺文化空间承载的文化表现形式主要包括藏族碉楼营造技艺、哑巴经文化、正月庙会文化等16种（表4-3-3）。

图4-3-10　自布寺院落空间

图4-3-11 新自布寺建筑

图4-3-12 自布寺文化空间

自布寺文化空间承载的文化表现形式一览表　　　　表4-3-3

名称	代码	类别	保护名录	保护名录批准时间
藏族碉楼营造技艺	A1	传统技艺	国家级第二批	2008.6
丹巴阿克日翁（兔儿锅庄）	B2	传统舞蹈	四川省省级第一批	2007.3
火烧子馍馍制作技艺	B8	传统技艺	四川省省级第六批	2023.4
嘉绒民歌——啦啦调	C1	传统音乐	甘孜藏族自治州州级第四批	2014.12
孔雀锅庄	C4	传统舞蹈	甘孜藏族自治州州级第七批	2021.5
阿吾来锅庄	C5	传统舞蹈	甘孜藏族自治州州级第七批	2021.5
丹巴嘉绒婚俗	C6	民俗	甘孜藏族自治州州级第七批	2021.5
红军驻防丹巴期间的故事	D1	民间文学	丹巴县县级第七批	2020.4
建房完工仪式	D5	民俗	丹巴县县级第七批	2020.4
丹巴锅庄舞	E1	传统舞蹈	——	——
正月庙会文化	E2	民俗	——	——
哑巴经文化	E4	民俗	——	——
藏语文化	E7	民俗	——	——
丧葬习俗	E9	民俗	——	——
嘉绒藏族服饰文化	E11	传统技艺	——	——
燃灯节	E13	民俗	——	——

四、街巷文化空间

莫洛村的街巷文化空间分布广泛，贯穿整个村寨的上寨和下寨，从南至北蜿蜒而过。这些古老的道路呈现独特的特点，包括石板路和石板巷，平均宽度约为2米，曲折多变，纵横交错。大部分路段都由青石铺就，形成了步行的石阶，石块的大小各异。

街巷的两侧是传统的院落建筑，石墙和石房与石巷相互辉映，创造出独特的美感。房屋按照地势高低巧妙布局，与山水田地融为一体，形成了丰富多样的街巷景观。这些街巷不仅是村民出行的主要路径，也是日常生活的渗透空间，还连接着各个传统民居的文化空间，将整个村寨的历史、文化和生活方式贯穿在一起。

这些古老的街巷不仅代表了莫洛村的历史沿革，还承载着丰富的民俗文化和传统习惯。它们见证了村民的日常生活，是社区交流和互动的场所，也是传统文化的传承之地。这些街巷不仅仅是实用的交通路径，更是莫洛村文化的一部分，展现了村寨独特的风貌和精神（图4-3-13～图4-3-15）。

图4-3-13　街巷文化空间（一）

图4-3-14　街巷文化空间（二）

图4-3-15 街巷文化空间（三）

街巷文化空间主要承载的文化表现形式主要包括藏族碉楼营造技艺、恰支拉（儿童节）、藏族刺绣（嘉绒藏族刺绣）等10种（表4-3-4）。

街巷文化空间承载的文化表现形式一览表　　　　　　　　表4-3-4

名称	代码	类别	保护名录	保护名录批准时间
藏族碉楼营造技艺	A1	传统技艺	国家级第二批	2008.6
顶毪衫歌	B1	民间音乐	四川省省级第一批	2007.3
藏族刺绣（嘉绒藏族刺绣）	B5	传统美术	四川省省级第六批	2023.4
嘉绒民歌——啦啦调	C1	传统音乐	甘孜藏族自治州州级第四批	2014.12
丹巴嘉绒婚俗	C6	民俗	甘孜藏族自治州州级第七批	2021.5
东女国的故事	D2	民间文学	丹巴县县级第七批	2020.4
东女王泪水河的传说	D3	民间文学	丹巴县县级第七批	2020.4
恰支拉（儿童节）	E5	民俗	——	——
藏语文化	E7	民俗	——	——
丧葬习俗	E9	民俗	——	——
嘉绒藏族服饰文化	E11	传统技艺	——	——
转山节	E12	民俗	——	——

五、白塔文化院坝文化空间

白塔文化院坝文化空间位于村寨中西部，由一座白塔转经阁、两层的建筑主体（村民委员会、社区服务、老年活动室）和一个篮球场地组成，占地面积约为600平方米。作为村寨中两个大型公共活动广场之一，这也是莫洛村重要的文化活动空间。室外的场坝可以供村民集聚一起跳锅庄舞、做成人礼、过丹巴风情节；白塔转经阁室内则为众多宗教的活动提供了场所。转经阁中的白塔已有千年的历史，被当地人们称为"共则曲登"。据当地居民说是传说中吐蕃七觉士之一的白卓庶拉大司，奉上司之命到嘉绒修建了128座塔子，他一夜之间在马扎公山脚下的大渡河回水沱中用法术修了108座塔，又在梭坡、大寨等地一天内修建了10多座塔，这便是其中的一座（图4-3-16、图4-3-17）。

白塔文化院坝文化空间承载的文化表现形式主要包括藏族碉楼营造技艺、丹巴阿克日翁（兔儿锅庄）、藏族成人仪式等14种（表4-3-5）。

图4-3-16　白塔文化院坝文化空间

图4-3-17 白塔转经阁

白塔文化院坝文化空间承载的文化表现形式一览表　　　　表4-3-5

名称	代码	类别	保护名录	保护名录批准时间
藏族碉楼营造技艺	A1	传统技艺	国家级第二批	2008.6
丹巴阿克日翁（兔儿锅庄）	B2	传统舞蹈	四川省省级第一批	2007.3
藏族成人仪式	B8	传统技艺	四川省省级第六批	2023.4
嘉绒民歌——啦啦调	C4	传统舞蹈	甘孜藏族自治州州级第七批	2021.5
孔雀锅庄	C5	传统舞蹈	甘孜藏族自治州州级第七批	2021.5
阿吾来锅庄	C6	民俗	甘孜藏族自治州州级第七批	2021.5
东女国的故事	D5	民俗	丹巴县县级第七批	2020.4
东女王泪水河的传说	E1	传统舞蹈	——	
正月庙会文化	E2	民俗		
丹巴风情节	E6	民俗		
藏语文化	E7	民俗		
丧葬习俗	E9	民俗		
嘉绒藏族服饰文化	E11	传统技艺		
燃灯节	E13	民俗		

六、传统藏族民居文化空间

莫洛村村寨中随处可见传统嘉绒藏族民居。它的建筑形式独特,都为石木结构,墙体是以当地的天然石块加上黄泥砌成。屋面排水采用数根枧槽。墙角上插有经幡,墙角顶部的白色小石塔,是村民崇拜的传统图腾象征的标志。民居建筑为石木结构建筑,其内框架为木结构,外围护结构用天然石块和黏土作原料,砌筑而成。建筑为四层,各层的功能不同,底层为畜圈和草料房,与人的出入门分设,互不干扰。二层为厨房、火塘、杂物房等,火塘为"三足鼎立"的锅庄;三层为居室、粮仓等;四层为经堂。二层平台用作院坝,二、三层平顶均可供人日常活动、家庭聚会跳舞或晒粮食等,四层平顶用作民间宗教祭祀活动。整个建筑物除二层为天井式四合院外,二层以上呈两级或三级"L"形。楼房四角顶部垒放白石,还安放有小孔的石板,以备插嘛呢旗。楼顶后方还设置"煨桑"用的"松科"。房顶月牙形的四角从宗教意义来讲,则分别代表四方神祇(图4-3-18)。

传统藏族民居文化空间承载的文化表现形式主要包括藏族碉楼营造技艺、顶毪衫歌、嘉绒藏族新年、嘛呢经文化等30种(表4-3-6)。

图4-3-18 传统藏族民居文化空间

传统藏族民居文化空间承载的文化表现形式一览表　　表4-3-6

名称	代码	类别	保护名录	保护名录批准时间
藏族碉楼营造技艺	A1	传统技艺	国家级第二批	2008.6
顶毪衫歌	B1	民间音乐	四川省省级第一批	2007.3
民间藏酒酿造技艺	B3	手工技艺	四川省省级第一批	2007.3
藏族成人仪式	B4	民俗	四川省省级第一批	2007.3
藏族刺绣（嘉绒藏族刺绣）	B5	传统美术	四川省省级第六批	2023.4
丹巴香猪腿制作技艺及食用习俗	B6	民俗	四川省省级第六批	2023.4
嘉绒藏族新年	B7	民俗	四川省省级第六批	2023.4
火烧子馍馍制作技艺	B8	传统技艺	四川省省级第六批	2023.4
嘉绒民歌——啦啦调	C1	传统音乐	甘孜藏族自治州州级第四批	2014.12
丹巴酸菜制作技艺	C2	传统技艺	甘孜藏族自治州州级第七批	2021.5
丹巴猪皮茶制作技艺	C3	传统技艺	甘孜藏族自治州州级第七批	2021.5
丹巴嘉绒婚俗	C6	民俗	甘孜藏族自治州州级第七批	2021.5
猪膘制作技艺	C7	传统技艺	甘孜藏族自治州州级第七批	2021.5
酸菜肠子制作技艺	C8	传统技艺	甘孜藏族自治州州级第七批	2021.5
酸菜猪皮面块制作技艺	C9	传统技艺	甘孜藏族自治州州级第七批	2021.5
东女国的故事	D2	民间文学	丹巴县县级第七批	2020.4
东女王泪水河的传说	D3	民间文学	丹巴县县级第七批	2020.4
建房完工仪式	D5	民俗	丹巴县县级第七批	2020.4
编织麻布技艺	D6	传统技艺	——	——
丹巴锅庄舞	E1	传统舞蹈	——	——
正月庙会文化	E2	民俗	——	——
嘛呢经文化	E3	民俗	——	——
恰支拉（儿童节）	E5	民俗	——	——
藏语文化	E7	民俗	——	——
嘉绒藏族高空吊厕文化	E8	民俗	——	——
丧葬习俗	E9	民俗	——	——
祭灶神文化	E10	民俗	——	——
嘉绒藏族服饰文化	E11	传统技艺	——	——
燃灯节	E13	民俗	——	——

七、古树文化空间

莫洛村境内分布着众多古老的树木,其中包括成片的古黄梁树和独立的古柏树。这些古树已经存在上百年,甚至有些已经存在上千年,它们的树干坚固有力,枝干奇特多样,枝叶繁茂,宛如一把巨大的伞,遮蔽着这座拥有悠久历史的莫洛村寨。古树文化空间分布于莫洛村寨的中部,主要包括古柏树和古黄梁树。整个古树道将上寨和下寨相连,起始于村寨入口处的"东女王栓马石",沿着南北方向延伸,串联起一系列古老的文化景点。据村寨中的长者叙述,"东女王栓马"的地点实际存在,而栓马石则是后人为了纪念东女国的存在而建立的标志。古树群中的两棵古黄梁树有着动人的故事,它们的根交织在一起,高高超过地面,这里也成为村中年轻男女述说情感、祈祷未来幸福的地方,成婚前,人们也会前来祈祷美好的未来(图4-3-19~图4-3-21)。

古树文化空间承载的文化表现形式主要包括顶毪衫歌、藏族成人仪式、藏族刺绣(嘉绒藏族刺绣)、嘉绒民歌——啦啦调等11种(表4-3-7)。

图4-3-19 古树文化空间(一)

第四章 莫洛村藏族传统村落文化空间识别与解析 | 129

图4-3-20 古树文化空间（二）

图4-3-21 古树文化空间（三）（摄影师：朱鸿）

古树文化空间承载的文化表现形式一览表　　　　　表4-3-7

名称	代码	类别	保护名录	保护名录批准时间
顶毪衫歌	B1	民间音乐	四川省省级第一批	2007.3
藏族成人仪式	B4	民俗	四川省省级第一批	2007.3
藏族刺绣（嘉绒藏族刺绣）	B5	传统美术	四川省省级第六批	2023.4
嘉绒民歌——啦啦调	C1	传统音乐	甘孜藏族自治州州级第四批	2014.12
丹巴嘉绒婚俗	C6	民俗	甘孜藏族自治州州级第七批	2021.5
东女国的故事	D2	民间文学	丹巴县县级第七批	2020.4
东女王泪水河的传说	D3	民间文学	丹巴县县级第七批	2020.4
恰支拉（儿童节）	E5	民俗	——	——
藏语文化	E7	民俗	——	——
丧葬习俗	E9	民俗	——	——
嘉绒藏族服饰文化	E11	传统技艺	——	——

八、东女国文化广场文化空间

东女国文化广场位于莫洛村西侧的村寨入口，紧邻大渡河河岸。这片文化空间包括一个宽敞的广场、嵌地的三角锅庄以及北侧象征着东女国文化的浮雕墙，总占地面积约800平方米。作为整个村寨中最平坦和开阔的场坝，这里也是当前面积最大的公共活动广场之一。在日常生活中，当村寨没有大型聚会活动时，这个广场充当村寨停车场，直接连接着村寨的主要道路。

在莫洛村民的心目中，无论是家庭的喜事还是各种节庆，都需要邀请本寨或附近村寨的亲朋好友一同参与庆祝。在这些场合，公共活动场地的重要性不言而喻。这片广场过去就是村寨集会的场所，即便在没有硬质铺地之前，人们也会在这里跳锅庄、举行成人仪式、举办丹巴风情节等各种活动（图4-3-22、图4-3-23）。

东女国文化广场文化空间承载的文化表现形式主要包括丹巴阿克日翁（兔儿锅庄）、嘉绒民歌——啦啦调、孔雀锅庄、阿吾来锅庄等12种（表4-3-8）。

图4-3-22 东女国文化广场文化空间(一)

图4-3-23 东女国文化广场文化空间(二)

东女国文化广场文化空间承载的文化表现形式一览表　　表4-3-8

名称	代码	类别	保护名录	保护名录批准时间
丹巴阿克日翁（兔儿锅庄）	B2	传统舞蹈	四川省省级第一批	2007.3
嘉绒民歌——啦啦调	C1	传统音乐	甘孜藏族自治州州级第四批	2014.12
孔雀锅庄	C4	传统舞蹈	甘孜藏族自治州州级第七批	2021.5
阿吾来锅庄	C5	传统舞蹈	甘孜藏族自治州州级第七批	2021.5
丹巴嘉绒婚俗	C6	民俗	甘孜藏族自治州州级第七批	2021.5
东女国的故事	D2	民间文学	丹巴县县级第七批	2020.4
东女王泪水河的传说	D3	民间文学	丹巴县县级第七批	2020.4
丹巴古碉的传说	D4	民间文学	丹巴县县级第七批	2020.4
丹巴锅庄舞	E1	传统舞蹈	——	
丹巴风情节	E6	民俗	——	
藏语文化	E7	民俗	——	
嘉绒藏族服饰文化	E11	传统技艺	——	

九、达赞蹦草坪文化空间

达赞蹦草坪文化空间位于莫洛村寨的东面山坡上，孜巴龙神山下，紧挨着左比村、纳衣村等同属梭坡乡的其他村寨。这片草坪地势平坦宽阔，设有佛塔、拉吾则等宗教建筑，成为当地村民举办节庆、宗教仪式和文娱活动的首选场所。由于位于村寨群的中心位置，通常也成为周围几个村寨共同使用的地方。草坪上融化的高山积雪形成的溪水曾是莫洛村寨生活和生产的重要水源，对于嘉绒藏族人民来说，草坪和河流都具有一定的神圣意义。作为牧民，嘉绒藏族人也将草坪作为畜牧业的主要区域之一（图4-3-24）。

达赞蹦草坪文化空间承载的文化表现形式主要包括顶毪衫歌、丹巴阿克日翁（兔儿锅庄）、民间藏酒酿造技艺、藏族成人仪式、梭坡乡转山锅庄等15种（表4-3-9）。

图4-3-24 达赞蹦草坪（来源：白马，时间：2023年6月）

达赞蹦草坪文化空间承载的文化表现形式一览表　　　　表4-3-9

名称	代码	类别	保护名录	保护名录批准时间
顶锉衫歌	B1	民间音乐	四川省省级第一批	2007.3
丹巴阿克日翁（兔儿锅庄）	B2	传统舞蹈	四川省省级第一批	2007.3
民间藏酒酿造技艺	B3	手工技艺	四川省省级第一批	2007.3
藏族成人仪式	B4	民俗	四川省省级第一批	2007.3
嘉绒民歌——啦啦调	C1	传统音乐	甘孜藏族自治州州级第四批	2014.12
孔雀锅庄	C4	传统舞蹈	甘孜藏族自治州州级第七批	2021.5
阿吾来锅庄	C5	传统舞蹈	甘孜藏族自治州州级第七批	2021.5
丹巴嘉绒婚俗	C6	民俗	甘孜藏族自治州州级第七批	2021.5
东女国的故事	D2	民间文学	丹巴县县级第七批	2020.4
东女王泪水河的传说	D3	民间文学	丹巴县县级第七批	2020.4
丹巴锅庄舞	E1	传统舞蹈	——	
丹巴风情节	E6	民俗	——	
藏语文化	E7	民俗	——	
嘉绒藏族服饰文化	E11	传统技艺	——	
梭坡乡转山锅庄	E12	民俗	——	

第四节 莫洛村文化空间单元的时空属性甄别分析

一、莫洛村文化空间单元的时空属性（表4-4-1）

莫洛村文化空间单元时空属性汇总表　　　　　表4-4-1

序号	文化空间单元名称	对应文化表现形式代码	空间属性				时间属性			
			开放/封闭	多发/单点	清楚/模糊	中心/边缘	规律/随机	高频/低频	稳定/变化	现实/记忆
1	碉房文化空间	A1	开放	多发	清楚	边缘	随机	低频	变化	现实
		B1	封闭	多发	清楚	中心	随机	低频	变化	记忆
		B3	封闭	多发	模糊	中心	随机	高频	变化	现实
		B4	开放	单点	模糊	边缘	规律	低频	变化	现实
		B5	封闭	多发	模糊	中心	随机	高频	变化	现实
		B6	开放	多发	清楚	边缘	规律	低频	变化	现实
		B7	封闭	多发	清楚	中心	规律	低频	变化	现实
		B8	封闭	多发	清楚	中心	随机	高频	变化	现实
		C1	开放	多发	模糊	中心	随机	低频	变化	现实
		C2	封闭	多发	清楚	中心	随机	高频	变化	现实
		C3	封闭	多发	清楚	中心	随机	高频	变化	现实
		C6	开放	多发	模糊	中心	随机	低频	变化	现实
		C7	封闭	多发	清楚	边缘	规律	低频	变化	现实
		C8	封闭	多发	清楚	中心	随机	低频	稳定	现实
		C9	封闭	多发	清楚	中心	随机	高频	稳定	现实
		D2	开放	多发	模糊	边缘	随机	高频	变化	记忆
		D3	开放	多发	模糊	中心	随机	高频	变化	记忆
		D4	开放	多发	模糊	边缘	随机	高频	变化	记忆
		D5	开放	多发	清楚	边缘	随机	低频	变化	现实
		E1	开放	多发	清楚	边缘	随机	高频	变化	现实
		E3	封闭	单点	模糊	中心	规律	低频	稳定	现实
		E5	开放	单点	模糊	边缘	规律	低频	变化	记忆
		E7	开放	多发	清楚	中心	随机	高频	稳定	现实
		E8	封闭	多发	清楚	中心	随机	低频	变化	记忆
		E9	开放	多发	模糊	中心	随机	低频	变化	现实
		E10	封闭	多发	清楚	中心	随机	高频	变化	现实
		E11	开放	多发	模糊	中心	随机	低频	变化	现实
		E13	封闭	多发	模糊	中心	规律	高频	稳定	现实

续表

序号	文化空间单元名称	对应文化表现形式代码	空间属性				时间属性			
			开放/封闭	多发/单点	清楚/模糊	中心/边缘	规律/随机	高频/低频	稳定/变化	现实/记忆
2	碉楼文化空间	A1	开放	多发	模糊	边缘	随机	低频	变化	现实
		C1	开放	多发	模糊	边缘	随机	低频	稳定	现实
		D2	开放	多发	模糊	边缘	随机	高频	变化	现实
		D3	开放	多发	模糊	边缘	随机	高频	变化	现实
		D4	开放	多发	模糊	边缘	随机	高频	变化	现实
		E7	开放	多发	模糊	边缘	随机	高频	稳定	现实
		E11	开放	多发	模糊	边缘	随机	高频	变化	现实
3	自布寺文化空间	A1	开放	多发	模糊	边缘	随机	低频	稳定	现实
		B2	开放	单点	清楚	边缘	随机	高频	变化	现实
		B8	封闭	多发	清楚	中心	规律	低频	稳定	现实
		C1	开放	多发	模糊	中心	随机	高频	变化	现实
		C4	开放	单点	清楚	边缘	随机	高频	变化	现实
		C5	开放	单点	清楚	边缘	随机	高频	变化	现实
		C6	封闭	多发	模糊	中心	随机	高频	变化	现实
		D1	开放	单点	模糊	边缘	随机	低频	变化	现实
		D5	封闭	单点	清楚	中心	随机	低频	变化	现实
		E1	开放	多发	模糊	边缘	随机	高频	变化	现实
		E2	封闭	单点	清楚	中心	规律	低频	稳定	现实
		E4	封闭	单点	清楚	中心	规律	低频	变化	现实
		E7	开放	多发	模糊	中心	随机	高频	稳定	现实
		E9	封闭	单点	清楚	中心	随机	高频	变化	现实
		E11	开放	多发	模糊	中心	随机	高频	稳定	现实
		E13	封闭	多发	清楚	中心	规律	高频	稳定	现实
4	街巷文化空间	A1	开放	多发	清楚	边缘	随机	低频	变化	现实
		B1	开放	多发	模糊	边缘	随机	低频	变化	现实
		B5	开放	多发	模糊	中心	随机	高频	变化	现实
		C1	开放	多发	清楚	边缘	随机	低频	变化	现实
		C6	开放	单点	清楚	中心	随机	低频	变化	现实
		D2	开放	多发	模糊	边缘	随机	高频	变化	记忆
		D3	开放	多发	模糊	边缘	随机	高频	稳定	记忆
		E5	开放	单点	清楚	边缘	规律	低频	变化	记忆
		E7	开放	多发	清楚	边缘	随机	高频	稳定	现实
		E11	开放	多发	清楚	边缘	随机	高频	稳定	现实

续表

序号	文化空间单元名称	对应文化表现形式代码	空间属性				时间属性			
			开放/封闭	多发/单点	清楚/模糊	中心/边缘	规律/随机	高频/低频	稳定/变化	现实/记忆
5	白塔文化院坝文化空间	A1	开放	多发	模糊	边缘	随机	低频	稳定	现实
		B2	开放	单点	清楚	中心	随机	低频	变化	现实
		B8	开放	单点	清楚	中心	规律	低频	变化	现实
		C4	开放	单点	清楚	边缘	随机	低频	变化	现实
		C5	开放	单点	清楚	中心	随机	低频	变化	现实
		C6	开放	单点	清楚	中心	随机	低频	变化	现实
		D5	开放	多发	模糊	边缘	随机	低频	变化	现实
		E1	开放	多发	模糊	边缘	随机	低频	变化	现实
		E2	封闭	单点	清楚	边缘	规律	低频	变化	现实
		E6	开放	单点	清楚	中心	规律	低频	变化	现实
		E7	开放	多发	模糊	边缘	随机	高频	稳定	现实
		E9	开放	多发	模糊	边缘	随机	高频	稳定	现实
		E11	开放	多发	模糊	边缘	随机	高频	稳定	现实
		E13	封闭	多发	清楚	中心	规律	高频	稳定	现实
6	传统藏族民居文化空间	A1	开放	多发	模糊	边缘	随机	低频	稳定	现实
		B1	封闭	单点	模糊	中心	随机	低频	变化	记忆
		B3	封闭	多发	清楚	中心	随机	高频	变化	现实
		B4	开放	单点	清楚	边缘	规律	低频	变化	现实
		B5	开放	多发	模糊	中心	随机	高频	变化	现实
		B6	封闭	多发	模糊	边缘	规律	高频	变化	现实
		B7	封闭	多发	清楚	中心	规律	低频	变化	现实
		B8	封闭	多发	清楚	中心	随机	高频	变化	现实
		C1	开放	多发	模糊	中心	随机	高频	稳定	现实
		C2	封闭	多发	清楚	中心	随机	高频	稳定	现实
		C3	封闭	多发	模糊	中心	随机	高频	变化	现实
		C6	开放	单点	清楚	中心	随机	低频	变化	现实
		C7	封闭	多发	清楚	边缘	随机	高频	稳定	现实
		C8	封闭	多发	清楚	中心	随机	高频	稳定	现实
		C9	封闭	多发	清楚	中心	随机	高频	稳定	现实
		D2	开放	多发	模糊	中心	随机	高频	变化	现实
		D3	开放	多发	模糊	中心	随机	高频	变化	现实

续表

序号	文化空间单元名称	对应文化表现形式代码	空间属性				时间属性			
			开放/封闭	多发/单点	清楚/模糊	中心/边缘	规律/随机	高频/低频	稳定/变化	现实/记忆
6	传统藏族民居文化空间	D5	开放	多发	清楚	边缘	随机	低频	稳定	现实
		D6	开放	多发	模糊	中心	随机	高频	变化	现实
		E1	开放	多发	清楚	边缘	随机	高频	变化	现实
		E2	封闭	多发	清楚	边缘	规律	低频	稳定	现实
		E3	封闭	单点	清楚	中心	规律	低频	稳定	现实
		E5	开放	多发	模糊	边缘	规律	低频	变化	记忆
		E7	开放	多发	模糊	中心	随机	高频	稳定	现实
		E8	开放	多发	清楚	中心	随机	高频	变化	记忆
		E9	开放	多发	清楚	中心	随机	高频	稳定	现实
		E10	封闭	多发	清楚	中心	随机	高频	变化	现实
		E11	开放	多发	模糊	中心	随机	高频	变化	现实
		E13	封闭	多发	清楚	中心	规律	高频	稳定	现实
7	古树文化空间	B1	开放	多发	模糊	边缘	随机	低频	变化	现实
		B4	开放	多发	模糊	边缘	随机	低频	变化	现实
		B5	开放	多发	模糊	中心	随机	高频	变化	现实
		C1	开放	多发	清楚	边缘	随机	低频	变化	现实
		C6	开放	单点	清楚	中心	随机	高频	变化	现实
		D2	开放	多发	模糊	边缘	随机	高频	变化	现实
		D3	开放	多发	模糊	边缘	随机	高频	变化	现实
		E5	开放	多发	清楚	中心	规律	低频	变化	记忆
		E7	开放	多发	模糊	边缘	随机	高频	稳定	现实
		E9	开放	多发	清楚	中心	随机	高频	稳定	现实
		E11	开放	多发	清楚	边缘	随机	高频	稳定	现实
8	东女国广场文化空间	B2	开放	单点	模糊	中心	随机	低频	稳定	现实
		C1	开放	多发	模糊	中心	随机	高频	变化	现实
		C4	开放	单点	清楚	中心	随机	低频	变化	现实
		C5	开放	单点	清楚	中心	随机	低频	变化	现实
		C6	开放	多发	模糊	中心	随机	高频	变化	现实
		D2	开放	多发	模糊	中心	随机	高频	变化	现实
		D3	开放	多发	模糊	中心	随机	高频	变化	现实
		D4	开放	多发	模糊	中心	随机	高频	稳定	现实

续表

序号	文化空间单元名称	对应文化表现形式代码	空间属性				时间属性			
			开放/封闭	多发/单点	清楚/模糊	中心/边缘	规律/随机	高频/低频	稳定/变化	现实/记忆
8	东女国广场文化空间	E1	开放	多发	清楚	中心	随机	高频	变化	现实
		E6	开放	单点	清楚	中心	规律	低频	变化	现实
		E7	开放	多点	模糊	中心	随机	高频	变化	现实
		E11	开放	多发	模糊	中心	随机	高频	稳定	现实
9	达赞蹦草坪文化空间	B1	开放	多发	模糊	边缘	随机	低频	变化	现实
		B2	开放	多发	模糊	边缘	规律	低频	稳定	现实
		B3	开放	多发	模糊	边缘	规律	低频	稳定	现实
		B4	开放	多发	模糊	边缘	规律	低频	变化	现实
		C1	开放	多发	模糊	边缘	随机	高频	变化	现实
		C4	开放	多发	模糊	边缘	随机	高频	稳定	现实
		C5	开放	多发	模糊	边缘	随机	高频	稳定	现实
		C6	开放	多发	模糊	边缘	随机	高频	变化	现实
		D2	开放	多发	模糊	边缘	随机	高频	变化	现实
		D3	开放	多发	模糊	边缘	随机	高频	变化	现实
		E1	开放	多发	清楚	边缘	随机	低频	变化	现实
		E6	开放	单点	模糊	边缘	规律	低频	变化	现实
		E7	开放	多发	模糊	边缘	随机	高频	稳定	现实
		E11	开放	多发	模糊	边缘	随机	低频	稳定	现实
		E12	开放	单点	模糊	边缘	规律	低频	变化	现实

二、莫洛村文化空间单元的时空特性（表4-4-2）

莫洛村文化空间单元时空特性分析表　　　　表4-4-2

序号	文化空间单元名称	对应文化表现形式代码	地段性				分项值	平均值	文化空间特性（地段性—3-4、时段性—0-2）
			开放（1）/封闭（0）	多发（1）/单点（0）	清楚（1）/模糊（0）	中心（1）/边缘（0）			
1	碉房文化空间	A1	1	1	1	0	3	3	地段性
		B1	0	1	1	1	3		

续表

序号	文化空间单元名称	对应文化表现形式代码	地段性				分项值	平均值	文化空间特性（地段性—3-4、时段性—0-2）
			开放(1)/封闭(0)	多发(1)/单点(0)	清楚(1)/模糊(0)	中心(1)/边缘(0)			
1	碉房文化空间	B3	0	1	0	1	2	3	地段性
		B4	1	0	0	0	1		
		B5	0	1	0	1	2		
		B6	1	1	1	0	3		
		B7	0	1	1	1	3		
		B8	0	1	1	1	3		
		C1	1	1	0	1	3		
		C2	0	1	1	1	3		
		C3	0	1	1	1	3		
		C6	1	1	0	1	3		
		C7	0	1	1	0	2		
		C8	0	1	1	1	3		
		C9	0	1	1	1	3		
		D2	1	1	0	0	2		
		D3	1	1	0	1	3		
		D4	1	1	0	0	2		
		D5	1	1	1	0	3		
		E1	1	1	1	0	3		
		E3	0	0	0	1	1		
		E5	1	0	0	0	1		
		E7	1	1	0	1	3		
		E8	0	1	1	1	3		
		E9	1	1	0	1	3		
		E10	0	1	1	1	3		
		E11	1	1	0	1	3		
		E13	0	1	0	1	2		

续表

序号	文化空间单元名称	对应文化表现形式代码	地段性				分项值	平均值	文化空间特性（地段性—3-4、时段性—0-2）
			开放(1)/封闭(0)	多发(1)/单点(0)	清楚(1)/模糊(0)	中心(1)/边缘(0)			
2	碉楼文化空间	A1	1	1	0	0	2	2	时段性
		C1	1	1	0	0	2		
		D2	1	1	0	0	2		
		D3	1	1	0	0	2		
		D4	1	1	0	0	2		
		E7	1	1	0	0	2		
		E11	1	1	0	0	2		
3	自布寺文化空间	A1	1	1	0	0	2	2	时段性
		B2	1	0	1	0	2		
		B8	0	1	1	1	3		
		C1	1	1	0	1	3		
		C4	1	0	1	0	2		
		C5	1	0	1	0	2		
		C6	0	1	0	1	2		
		D1	1	0	0	0	1		
		D5	0	0	1	1	2		
		E1	1	1	0	0	2		
		E2	0	0	1	1	2		
		E4	0	0	1	1	2		
		E7	1	1	0	1	3		
		E9	0	0	0	1	1		
		E11	1	1	0	1	3		
		E13	0	1	1	1	3		
4	街巷文化空间	A1	1	1	1	0	3	3	地段性
		B1	1	1	0	0	2		
		B5	1	1	0	1	3		
		C1	1	1	1	0	3		
		C6	1	0	1	1	3		
		D2	1	1	0	0	2		

续表

序号	文化空间单元名称	对应文化表现形式代码	地段性 开放（1）/封闭（0）	多发（1）/单点（0）	清楚（1）/模糊（0）	中心（1）/边缘（0）	分项值	平均值	文化空间特性（地段性—3-4、时段性—0-2）
4	街巷文化空间	D3	1	1	0	0	2	3	地段性
		E5	1	0	1	0	2		
		E7	1	1	1	0	3		
		E11	1	1	1	0	3		
5	白塔文化院坝文化空间	A1	1	1	0	0	2	2	时段性
		B2	1	0	1	1	3		
		B8	1	0	1	1	3		
		C4	1	0	1	0	2		
		C5	1	0	1	1	3		
		C6	1	0	1	1	3		
		D5	1	1	0	0	2		
		E1	1	1	0	0	2		
		E2	0	0	1	0	1		
		E6	1	1	0	1	3		
		E7	1	1	0	0	2		
		E9	1	1	0	0	2		
		E11	1	1	0	0	2		
		E13	0	1	1	1	3		
6	传统藏族民居文化空间	A1	1	1	0	0	2	3	地段性
		B1	0	0	0	1	1		
		B3	0	1	1	1	3		
		B4	1	0	1	0	2		
		B5	1	1	0	1	3		
		B6	0	1	0	0	1		
		B7	0	1	1	1	3		
		B8	0	1	1	1	3		
		C1	1	1	0	1	3		
		C2	0	1	1	1	3		
		C3	0	1	0	1	2		

续表

序号	文化空间单元名称	对应文化表现形式代码	地段性				分项值	平均值	文化空间特性（地段性—3-4、时段性—0-2）
			开放(1)/封闭(0)	多发(1)/单点(0)	清楚(1)/模糊(0)	中心(1)/边缘(0)			
6	传统藏族民居文化空间	C6	1	0	1	1	3	3	地段性
		C7	0	1	1	0	2		
		C8	0	1	1	1	3		
		C9	0	1	1	1	3		
		D2	1	1	0	1	3		
		D3	1	1	0	1	3		
		D5	1	1	1	0	3		
		D6	1	1	0	1	3		
		E1	1	1	0	1	3		
		E2	0	1	1	0	2		
		E3	0	0	1	1	2		
		E5	1	1	0	0	2		
		E7	1	1	0	1	3		
		E8	1	1	1	1	4		
		E9	1	1	1	1	4		
		E10	0	1	1	1	3		
		E11	1	1	0	1	3		
		E13	0	1	1	1	3		
7	古树文化空间	B1	1	1	0	0	2	3	地段性
		B4	1	1	0	0	2		
		B5	1	1	0	1	3		
		C1	1	1	1	0	3		
		C6	1	0	1	1	3		
		D2	1	1	0	0	2		
		D3	1	1	0	0	2		
		E5	1	1	1	1	4		
		E7	1	1	0	0	2		
		E9	1	1	1	1	4		
		E11	1	1	1	0	3		

续表

序号	文化空间单元名称	对应文化表现形式代码	地段性				分项值	平均值	文化空间特性（地段性—3-4、时段性—0-2）
			开放（1）/封闭（0）	多发（1）/单点（0）	清楚（1）/模糊（0）	中心（1）/边缘（0）			
8	东女国广场文化空间	B2	1	0	0	1	2	3	地段性
		C1	1	1	0	1	3		
		C4	1	0	1	1	3		
		C5	1	0	1	1	3		
		C6	1	1	0	1	3		
		D2	1	1	0	1	3		
		D3	1	1	0	1	3		
		D4	1	1	0	1	3		
		E1	1	1	1	1	4		
		E6	1	0	1	1	3		
		E7	1	1	0	1	3		
		E11	1	1	0	1	3		
9	达赞蹦草坪文化空间	B1	1	1	0	0	2	2	时段性
		B2	1	1	0	0	2		
		B3	1	1	0	0	2		
		B4	1	1	0	0	2		
		C1	1	1	0	0	2		
		C4	1	1	0	0	2		
		C5	1	1	0	0	2		
		C6	1	1	0	0	2		
		D2	1	1	0	0	2		
		D3	1	1	0	0	2		
		E1	1	1	1	0	3		
		E6	1	0	0	0	1		
		E7	1	1	0	0	2		
		E11	1	1	0	0	2		
		E12	1	0	0	0	1		

三、莫洛村文化空间单元的活力指数（表4-4-3）

莫洛村文化空间单元活力指数分析表　　　　表4-4-3

序号	文化空间单元名称	对应文化表现形式代码	时间属性					综合活力指数
			规律/随机	高频/低频	稳定/变化	现实/记忆	分项值	
1	碉房文化空间	A1	0	0	0	1	1	48
		B1	0	0	0	0	0	
		B3	0	1	0	1	2	
		B4	1	0	0	1	2	
		B5	0	1	0	1	2	
		B6	1	0	0	1	2	
		B7	1	0	0	1	2	
		B8	0	1	0	1	2	
		C1	0	0	0	1	1	
		C2	0	1	0	1	2	
		C3	0	1	0	1	2	
		C6	0	0	0	1	1	
		C7	1	0	0	1	2	
		C8	0	0	1	1	2	
		C9	0	1	1	1	3	
		D2	0	1	0	0	1	
		D3	0	1	0	0	1	
		D4	0	1	0	0	1	
		D5	0	0	0	1	1	
		E1	0	1	0	1	2	
		E3	1	0	1	1	3	
		E5	1	0	0	0	1	
		E7	0	1	1	1	3	
		E8	0	0	0	0	0	
		E9	0	0	0	1	1	
		E10	0	1	0	1	2	
		E11	0	1	0	1	2	
		E13	1	1	1	1	4	

续表

序号	文化空间单元名称	对应文化表现形式代码	时间属性					综合活力指数
			规律/随机	高频/低频	稳定/变化	现实/记忆	分项值	
2	碉楼文化空间	A1	0	0	0	1	1	14
		C1	0	0	1	1	2	
		D2	0	1	0	1	2	
		D3	0	1	0	1	2	
		D4	0	1	0	1	2	
		E7	0	1	1	1	3	
		E11	0	1	0	1	2	
3	自布寺文化空间	A1	0	0	1	1	2	36
		B2	0	1	0	1	2	
		B8	1	0	1	1	3	
		C1	0	1	0	1	2	
		C4	0	1	0	1	2	
		C5	0	1	0	1	2	
		C6	0	1	0	1	2	
		D1	0	0	0	1	1	
		D5	0	0	0	1	1	
		E1	0	1	0	1	2	
		E2	1	0	1	1	3	
		E4	1	0	0	1	2	
		E7	0	1	1	1	3	
		E9	0	1	0	1	2	
		E11	0	1	1	1	3	
		E13	1	1	1	1	4	
4	街巷文化空间	A1	0	0	0	1	1	17
		B1	0	0	0	1	1	
		B5	0	1	0	1	2	
		C1	0	1	0	1	2	
		C6	0	0	0	1	1	
		D2	0	1	0	0	1	
		D3	0	1	1	0	2	

续表

序号	文化空间单元名称	对应文化表现形式代码	时间属性					综合活力指数
			规律/随机	高频/低频	稳定/变化	现实/记忆	分项值	
4	街巷文化空间	E5	1	0	0	0	1	17
		E7	0	1	1	1	3	
		E11	0	1	1	1	3	
5	白塔文化院坝文化空间	A1	0	0	1	1	2	27
		B2	0	0	0	1	1	
		B8	1	0	0	1	2	
		C4	0	0	0	1	1	
		C5	0	0	0	1	1	
		C6	0	0	0	1	1	
		D5	0	0	0	1	1	
		E1	0	0	0	1	1	
		E2	1	0	0	1	2	
		E6	1	0	0	1	2	
		E7	0	1	1	1	3	
		E9	0	1	1	1	3	
		E11	0	1	1	1	3	
		E13	1	1	1	1	4	
6	传统藏族民居文化空间	A1	0	0	1	1	2	65
		B1	0	0	0	0	0	
		B3	0	1	0	1	2	
		B4	1	0	0	1	2	
		B5	0	1	0	1	2	
		B6	1	1	0	1	3	
		B7	1	0	0	1	2	
		B8	0	1	0	1	2	
		C1	0	1	1	1	3	
		C2	0	1	1	1	3	
		C3	0	1	0	1	2	
		C6	0	0	0	1	1	
		C7	0	1	1	1	3	

续表

序号	文化空间单元名称	对应文化表现形式代码	时间属性					综合活力指数
			规律/随机	高频/低频	稳定/变化	现实/记忆	分项值	
6	传统藏族民居文化空间	C8	0	1	1	1	3	65
		C9	0	1	1	1	3	
		D2	0	1	0	1	2	
		D3	0	1	0	1	2	
		D5	0	0	1	1	2	
		D6	0	1	0	1	2	
		E1	0	1	0	1	2	
		E2	1	0	1	1	3	
		E3	1	0	1	1	3	
		E5	1	0	0	0	1	
		E7	0	1	1	1	3	
		E8	0	1	0	0	1	
		E9	0	1	1	1	3	
		E10	0	1	0	1	2	
		E11	0	1	0	1	2	
		E13	1	1	1	1	4	
7	古树文化空间	B1	0	0	0	1	1	21
		B4	0	0	0	1	1	
		B5	0	1	0	1	2	
		C1	0	0	0	1	1	
		C6	0	1	0	1	2	
		D2	0	1	0	1	2	
		D3	0	1	0	1	2	
		E5	1	0	0	0	1	
		E7	0	1	1	1	3	
		E9	0	1	1	1	3	
		E11	0	1	1	1	3	

续表

序号	文化空间单元名称	对应文化表现形式代码	时间属性					综合活力指数
			规律/随机	高频/低频	稳定/变化	现实/记忆	分项值	
8	东女国广场文化空间	B2	0	0	1	1	2	24
		C1	0	1	0	1	2	
		C4	0	0	0	1	1	
		C5	0	0	0	1	1	
		C6	0	1	0	1	2	
		D2	0	1	0	1	2	
		D3	0	1	0	1	2	
		D4	0	1	1	1	3	
		E1	0	1	0	1	2	
		E6	1	0	0	1	2	
		E7	0	1	0	1	2	
		E11	0	1	1	1	3	
9	达赞蹦草坪文化空间	B1	0	0	0	1	1	33
		B2	1	0	1	1	3	
		B3	1	0	1	1	3	
		B4	1	0	0	1	2	
		C1	0	1	0	1	2	
		C4	0	1	1	1	3	
		C5	0	1	1	1	3	
		C6	0	1	0	1	2	
		D2	0	1	0	1	2	
		D3	0	1	0	1	2	
		E1	0	0	0	1	1	
		E6	1	0	0	1	2	
		E7	0	1	1	1	3	
		E11	0	0	1	1	2	
		E12	1	0	0	1	2	

分析结果表明（表4-4-1～表4-4-3），莫洛村的9处文化空间单元的时空特性分布相对均衡，有56%（5处）的文化空间单元是地段性文化空间，有44%（4处）是时段性文化空间。地段性文化空间包括碉房文化空间、街巷文化空间、传统藏族民居文化空间、古树文化空间、寨口停车坝文化空间，地段性文化空间所承载的文化表现形式中（如嘉绒藏族新年、嘛呢经文化、燃灯节等）以具有周期性、重复性的为主，且文化表现形式的主体活动需要在相对稳定、相对明确的空间范围进行；时段性文化空间包括碉楼文化空间、自布寺文化空间、白塔文化院坝文化空间、达赞蹦草坪文化空间，这些文化空间所承载的文化表现形式以具有随机性、高频性为主，且文化表现形式的主体活动在空间上具有连续、多发等特点（图4-4-1）。

分析结果还表明，9处文化空间单元中，传统藏族民居文化空间、碉楼文化空间、自布寺文化空间的活力指数最高，其中传统藏族民居文化空间为单点、集成型文化空间。此外，从分析结果还看出，个别文化空间活力指数偏低，其根本原因是其文化空间承载的文化表现形式在随着时间的变化在空间上发生转移或因为不可抗因素导致其传统功能的丧失，致使这类文化空间对应的文化表现形式以变化、记忆特性为主导，其活力指数也较低（图4-4-2）。

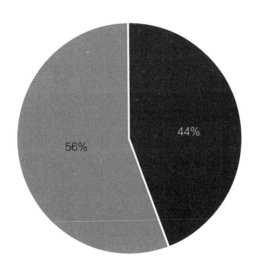

图4-4-1 文化空间单元时空特性分布图

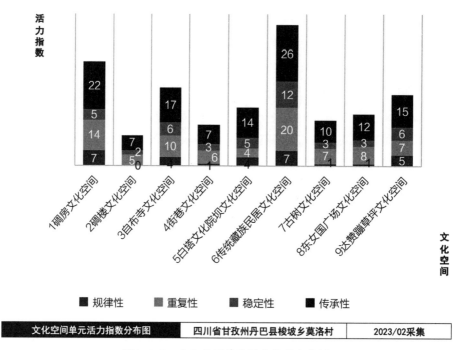

图4-4-2 文化空间单元活力指数分布图

第五章
莫洛村文化空间识别成果的应用探索

第一节　村落文化空间定向越野概念与背景

一、定向越野的定义

定向越野是一种户外运动，参与者借助地图、指北针或其他导航工具，在一个设定的范围内，通过途中的各种障碍，快速到达各个目标点位，并且完成各个点位任务，最后到达终点的运动。定向越野运动源于欧洲，是参与活动的人员借助越野地图、指北针，在最短时间打卡越野地图上设定的各目标点并最终到达终点为胜的一种新兴的户外运动方式，各点标需完成相应任务，对参与者的智力和体力要求较高。定向越野具有低成本和普适性的特点，只需一张越野地图和一个指北针，就可以加入这个活动。而且，无论不同年龄、性别和体能素质，各类人群都能够参与。这种运动注重智力与体力的平衡，强身健体的同时，培养了独立思考和解决问题的能力，以及在压力下迅速做出决策的逻辑思维。同时，定向越野还有助于建立社交网络，展现了参与者的身体素质、心理素质和团队合作能力。此外，它也可以提升参与者的意志力，增强面对困难和挑战时的信心和决心。目前，定向越野通常分为三种性质：专业竞技型、团建拓展型和休闲娱乐型，满足了不同人群的需求和兴趣。

二、村落文化空间定向越野的定义

基于定向越野的一般定义，对越野范围、主题、对象具体化，对"村落文化空间定向越野"定义如下：一种基于村内文化空间识别结果，借助文化空间定向越野地图、指北针等导航辅助工具，在特定的村落范围内，通过途中的各种障碍和完成点标任务，快速到达村落中的各个文化空间，感受文化空间场所，了解各个文化空间所承载的文化表现形式的类型特征，最后到达终点的运动。

第二节　莫洛村传统村落文化空间定向越野产业构想

参考菲利普·科特勒（美）和约翰·鲍文（美）对产品的分类，根据产品性质将莫洛村文化空间定向越野涉及的产品分为核心产品、配置产品、支持产品、扩展产品。

一、莫洛村文化空间定向越野核心产品

根据对莫洛村所在地域市场调研和分析，针对市场潜在的团建群体、研学群体、散客群体等不同目标人群，策划以企业团建型、学子研学型、散客体验型三种类型为主的莫洛村民族村寨定向越野项目，同时提供学子研学支持、科研支持、团建活动策划等服务。莫洛村民族村寨文化空间定向越野活动的基础流程包括基础培训（学习知识）+定向越野（趣味活动）+交流纪念（分享感受）+藏族特色活动（特色体验）。

具体策划如下：

①培训环节：专业定向越野课程的老师为参与者讲解莫洛村的基本情况和定向越野的玩法规则，并且强调在参与过程中的安全事项、遇到突发情况时的处理办法等。

②越野环节：参与者可以自由选择参赛组别，分别有亲子组、情侣组、自由组、团队组、散客组别。要求参与活动的人员只能根据工作人员提供的地图和指北针寻找村内的各文化空间点标盖章打卡、找寻既定数量的传统建筑和身着嘉绒藏族传统服饰的村民并完成重要文化空间内的文化活动体验任务，参赛人员每完成一项任务，需本人持手拿牌与之合照，发送至微信群积分，其活动细则如下：

A赛前准备：确认参赛人员，统一发放帽子、马褂、号码牌、手拿牌和地图等，建立定向越野微信群，所有参赛人员加入群。

B积分规则：总分为27分。

a. 计分项1——寻找文化空间。根据地图信息寻找莫洛村文化空间（14处），参赛人员到每一处文化空间找到负责盖章打卡的村民，由村民讲解文化空间及其所承载的文化表现形式内涵，需本人持手拿牌与文化空间合照，发送至微信群，由记分员验证无误后计分（每个文化空间1分，不重复计分，共14分）；

b. 计分项2——发现民族服饰。在村寨内找到穿嘉绒藏族传统服饰的村民，参赛人员持手拿牌和该村民合照，发送至微信群，由记分员验证无误后计1分（上限5分）；

c. 计分项3——探索隐藏点。找到定向越野地图标记中为彩色圆圈的地方（惊喜隐藏点），共4处。分别为：栓马石；成人礼传承人；扎窝子；古黄梁树。参赛人员持手牌和该建筑或构件或人物合照，将照片发至微信群，由记分员验证无误后计分（每个隐藏惊喜点1分，不重复计分，上限4分）；

d. 计分项4——体验文化活动。参赛人员参与并体验重要文化空间内的活动：①集体跳锅庄，②拓经幡（共2项），参赛人员持手拿牌和该活动里的人或物合照，发送至微信群，由记分员验证无误后计2分（上限6分，不重复计分）；

e. 扣分项，团体赛规定时间120分钟，超时1分钟扣5分（没有上限）。

C奖励机制：团队参加的可设置多名参赛人员获得不同等级的奖品，按照120分钟内积分更多、相同积分则计算时间更短的规则依次排名，参赛人员均可获得不同等级的奖品；自由参赛者规则：可以在活动开始后随意参赛，在规定时间结束前能找到10处文化空间（包括隐藏点和体验项目）即代表参加成功，结束后可以在服务台领取参与优秀奖一个。

③座谈交流：在定向越野终点处设置休息分享区域，参与者在这里可以互相分享个人感受。此外建立一条文化纪念走廊，参与者可以自行选择购买不同的挂牌写感言或姓名等，之后挂于走廊上作为纪念，该走廊将由工作人员进行维护。

二、莫洛村传统村落文化空间定向越野配置产品

莫洛村传统村落文化空间定向越野配置产品包括产品LOGO、莫洛村文化空间定向越野地图、物资包等。

1. 莫洛村传统村落文化空间定向越野LOGO（图5-1-1）

图5-1-1　莫洛村文化空间定向越野LOGO

2. 莫洛村传统村落文化空间定向越野地图

结合莫洛村的文化空间识别结果设计的莫洛村文化空间定向越野地图是定向越野的基本工具，参与者依靠地图完成文化空间的目标打卡任务和解读学习文化内涵（图5-1-2、图5-1-3）。

3. 莫洛村传统村落文化空间定向越野物资包

莫洛村传统村落文化空间物资包由一件定向越野定制T恤、手拿牌、一个号码牌、一份定向越野地图、一枚指北针所组成。这是定向越野活动重要配置产品，也是策划经营团队

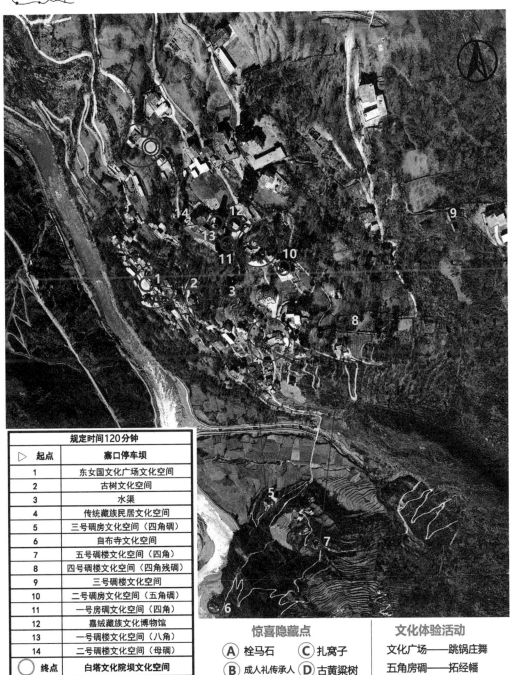

图5-1-2 莫洛村文化空间定向越野地图正面

丹巴县莫洛村文化空间定向越赛 活动细则

所有参赛人员加入定向越野微信群

参赛人员发放统一帽子、马褂、号码牌和地图，

定向越野时间安排：120分钟

定向越野积分规则

1、计分项1-寻找文化空间：根据地图信息寻找莫洛村文化空间（14处），参赛人员每找到一处文化空间，需本人找到村民在地图上打卡盖章，到终点后由工作人员统计盖章数计分，每个文化空间打卡点计1分。（总分14分，不重复计分）

2、计分项2-发现民族服饰。在村寨内找到穿嘉绒藏族传统服饰的村民，参赛人员持手拿牌和该村民合照，发送至微信群，由记分员验证无误后计1分（上限5分）；

3、计分项3-探索隐藏点：地图中有4处标记为彩色圆圈的地方为惊喜隐藏点，分别为：A、拴马石； B、成人礼传承人； C、扎窝子； D、古黄粱树（共4处），参赛人员持手牌和该建筑或构件合照，由记分员验证无误后计1分。（上限4分，不重复计分）

4、计分项4-体验文化活动：体验重要文化空间内的 ①跳锅庄舞、②拓经幡（共2项），参赛人员持手拿牌和该活动里的人或物合照，发送至微信群，由记分员验证无误后计2分。（上限4分，不重复计分）

5、 完成全部活动总分为：27分。按照120分钟内积分更多、相同积分则计算时间更短的规则依次排名，参赛人员均可获得不同等级的奖品；超时扣分原则：超时1分钟扣5分。

6、 自由参赛者规则：在活动结束前能找到10处文化空间（包括隐藏点和体验项目）即代表参加成功，结束后可以在服务台领取参与优秀奖一个。

文化空间打卡盖章处

东女国文化广场文化空间	自布寺文化空间	一号房碉文化空间（四角）	A	跳锅庄舞
古树文化空间	五号碉楼文化空间（四角）	嘉绒藏族文化博物馆	B	
水渠	四号碉楼文化空间（四角残碉）	一号碉楼文化空间（八角）	C	拓经幡
传统藏族民居文化空间	三号碉楼文化空间	二号碉楼文化空间（母碉）	D	
三号碉房文化空间（四角碉）	二号碉房文化空间（五角碉）	总 分		

图5-1-3 莫洛村文化空间定向越野地图背面

主要的实体售卖产品,更是每个参与者都可带走的特色文创纪念品。物资包平均成本低,售卖难度系数低,其产品的售卖盈利是乡村运用团队基本的盈利来源之一(图5-1-4)。

图5-1-4　莫洛村文化空间定向越野物资包

三、莫洛村传统村落文化空间定向越野支持产品

为增加文化空间定向越野在莫洛村的可实施性、趣味性、影响力等,策划挖掘并整合村内资料,集成参观、重要节点打卡、代表性文化表现形式体验、村落集散接待服务、藏族特色餐饮、精品民宿住宿等在内的支持产品。利用现有嘉绒藏族碉楼文化博物馆,升级内部参观与陈列体系,结合嘉绒藏族传统民居文化空间设置嘉绒藏族服饰、嘉绒刺绣、编

制麻布技艺、成人礼编等文化空间的沉浸式体验活动；利用莫洛村内的文化院坝和活动中心等场地，将其打造成定向越野村落的集散接待服务中心。在这个中心，将集成越野活动所需的后勤支持、游客服务、会议服务以及节点打卡等功能，为参与者提供全方位的运营支持。这一运营服务中心将成为整个活动过程中的核心枢纽，确保参与者在探险过程中能够得到周到的指导和帮助；调动村民参与的积极性，整合村内丰富的餐饮服务和民宿设施，满足文化空间定向越野活动的需求。特别是莫洛村的嘉绒藏族特色饮食，将作为定向越野活动的配套餐食，为参与者提供一种独特的文化体验。

四、文化空间定向越野扩展产品

建立一个专注于文化空间的主题微信公众号，旨在通过线上线下的方式全面展示莫洛村丰富的文化遗产、美景、美食、地方特产和传说故事。通过精美的图片和生动的叙述，引领大家深入了解莫洛村的独特之处，唤起对这片土地的兴趣和探索欲望。此外，构建莫洛村系列特色产品品牌，将传统手工艺作品、特色农产品和文创作品等纳入品牌范畴。这些独特的产品将在线上线下同步销售，为莫洛村塑造一个富有文化内涵的品牌形象，吸引更多人前来参观、体验和购买。

莫洛村文化空间定向越野产业的运用发展模式尝试采取"团队引导+村民为主+社会参与"的模式。寻求专业的乡村旅游运营团队入驻莫洛村，以提供专业的规划、组织和管理支持；充分发挥村民在项目中的核心作用，鼓励他们积极参与，将闲置的民居、传统技艺和艺术投入到项目运营中，为游客带来独特的体验和服务。积极宣传吸引社会各界的参与，与当地居民共同合作，实现文化遗产的活态保护和传承（图5-1-5）。

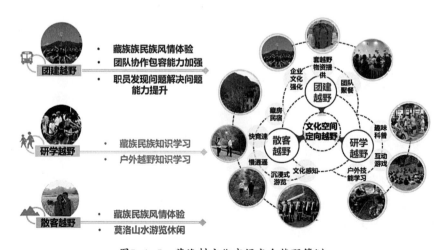

图5-1-5　莫洛村文化空间定向越野策划

第六章
结语

莫洛村藏族传统村落文化空间的识别及其结果应用，印证了本团队对于文化空间识别的前期研究假设，针对民族村落文化空间识别的瓶颈问题，研究致力于从定性走向定量的研究路径，通过"构建民族村落文化空间识别与保护理论方法体系—研发民族村落文化空间精准识别与解析技术—创建民族村落文化空间识别导向的规划编制适应性技术模式"，搭建了西南地区传统村落文化空间识别与应用技术体系，旨在促进西南民族村寨文化空间识别理念的形成、识别技术的发展以及识别结果的保护和利用，使文化空间保护成为西南地区传统村落优秀传统文化遗产的重要守护者。通过保持村寨文化遗产资源的活力和持续性，巩固西南地区的"脱贫攻坚"成果，助力"乡村振兴"，推动民族地区乡村高质量发展。识别后的文化空间结果可以甄别不同村落之间的文化特色，能够避免呈现"千村一面"的现象，从而促进村落旅游产业的多样化发展。结果表明，有序的技术识别对于民族特色村落文化空间的价值评估、内涵挖掘和特征解析，具有显著的促进作用。这些文化空间识别成果在莫洛村传统村落的保护发展、少数民族村落空间的活化利用以及村落文化空间定向越野产业的培育等方面已有实际应用实例。

我国藏族人口聚落分布在西藏自治区、青海省、四川省西部等地，莫洛村只是广泛分布的藏族特色村落之一，该村落的历史渊源可追溯到中唐时期，唐朝和吐蕃两国战争事件，是一个印证东女国文化历史和民族融合的村落，嘉绒藏族和汉族文化的交融现象集中体现在传统民居文化空间、自布寺文化空间等。至今莫洛村的藏族村民一直延续着古老而神秘的东女国文化，将藏族碉楼营造技艺、顶毪山歌、酸菜肠子、香猪腿等文化表现形式在传统民居、碉楼等文化空间里传承发展。

总之，藏族民族村落蕴藏着丰富的非物质文化遗产。在莫洛村，对藏族文化空间的识别与解析揭示出文化表现形式与文化空间的密切关系。对文化空间的保护不仅有助于维护其物质载体，还将直接促进民族村落文化的整体保护和活化利用。

参考文献

[1] 广西壮族自治区人民政府关于核定并公布南宁黄旭初旧居为自治区级文物保护单位的通知[J]. 广西壮族自治区人民政府公报, 2023, (8): 18.

[2] 张艳玲, 毕程程. 乡村振兴背景下传统村落建筑文化遗产的保护策略[J]. 美与时代（城市版）, 2023, (3): 22-24.

[3] 崔刚, 刘阳, 李志虹. 健康中国视域下绿色锻炼融入"体医融合"大健康产业发展的研究[J]. 文体用品与科技, 2023, (3): 65-67.

[4] 赵懿轩. 抖音短视频应用于乡村旅游中传统文化传播的研究[J]. 旅游与摄影, 2023, (2): 22-24.

[5] 王秋龙, 程蓉, 吕俭. 安徽省中国传统村落空间分布特征研究[J]. 北京联合大学学报, 2023, 37（1）: 57-63.

[6] 张兵华, 赵亚琛, 李建军. 基于"公共性"视角的闽中防御性乡土建筑空间特征解析[J]. 西部人居环境学刊, 2022, 37（6）: 144-150.

[7] 鲁成银. 加强茶非物质文化遗产保护助力茶产业高质量发展[J]. 中国茶叶, 2022, 44（12）: 48-54.

[8] 卫夏蒙. 陕西省传统村落文化景观特征研究[J]. 乡村科技, 2022, 13（21）: 111-113.

[9] 赵玉奇, 余压芳. 西南民族村寨文化空间识别技术体系研究[J]. 贵州民族研究, 2022, 43（5）: 129-133.

[10] 文莉. 毕节少数民族特色村寨开发和保护研究[J]. 贵州工程应用技术学院学报, 2022, 40（5）: 107-115.

[11] 于秀杰. 新媒体视域下革命文物保护发展研究[J]. 文物鉴定与鉴赏, 2022, (19): 53-56.

[12] 程志强, 金石柱. 东三省传统村落时空格局特征及影响因素分析[J]. 延边大学农学学报, 2022, 44（3）: 61-71.

[13] 梅红. 嘉绒藏族地区关帝信仰田野考察研究[J]. 宗教学研究, 2022, (3): 195-201.

[14] 刘小熙, 夏妍婧, 钦育敏, 姚冰欣. 高能少年团[J]. 中学生天地（B版）, 2022, (Z1): 70-78.

[15] 刘小熙, 夏妍婧, 钦育敏, 姚冰欣. 高能少年团[J]. 中学生天地（A版）, 2022, (Z1): 70-78.

［16］郭林娜，吴文治，赵斌，汪瑞霞．中国传统村落文化景观的类型学研究［J］．东华大学学报（社会科学版），2022，22（2）：72-80．

［17］江玉祥．论中国皮影戏的保护和传承问题［J］．文史杂志，2022，（3）：48-52．

［18］高小华．安徽省传统村落空间分布特征和影响因素研究［J］．黄山学院学报，2022，24（2）：25-30．

［19］王剑．传统村落文化的建档与保护路径研究［J］．陕西档案，2022，（1）：30-31．

［20］河南省人民政府关于公布第八批河南省文物保护单位名单的通知［J］．河南省人民政府公报，2022，（1）：20-36．

［21］朱敏，孙秋云，陈小荣．非物质文化遗产的宣传与推广研究——以常州梳篦为例［J］．旅游纵览，2021，（24）：100-102．

［22］张军．西藏自治区国家通用语言文字教育的实践与经验［J］．民族语文，2021，（6）：3-14．

［23］涂可国．传承弘扬中华优秀传统文化的重大理论创新［J］．人文天下，2021，（11）：4-14．

［24］杨广荣，黄华青．"美丽乡村"之人文景观的传承与保护研究［J］．安徽建筑，2021，28（11）：19-20，32．

［25］徐开星．福建省福安市传统村落保护开发探析［J］．经济师，2021，（11）：159-160．

［26］张素娟，刘增安，苑潇卜．河北省太行山区传统村落旅游开发对策［J］．石家庄职业技术学院学报，2021，33（5）：20-23．

［27］楚国帅．《东京梦华录》中的非遗研究［J］．河南教育学院学报（哲学社会科学版），2021，40（5）：68-73．

［28］韦韧．藏语方言语图标注库构建［J］．内蒙古科技与经济，2021，（16）：82，92．

［29］王晓青．豫西地区传统村落旅游保护和发展研究——以卫坡村为例［J］．旅游纵览，2021，（15）：139-141．

［30］陈志远．"一渠六河"工程背景下促进开封市体育产业发展的路径［J］．开封大学学报，2021，35（2）：19-22．

［31］王祯．川西北地区嘉绒藏族河谷地带传统村落空间形态研究［D］．广州：华南理工大学，2021．

［32］贡巧丽．文创视域下传统村落文化的挖掘路径与传播机制研究［J］．出版广角，2021，（7）：79-81．

［33］王权，李家鹏．中国人寿首个历史文化类债权投资计划纪实［J］．金融博览，

2021,（4）：18-19.

[34] 张蕖. 品牌如何擦亮非遗这盏灯？[J]. 国际品牌观察，2021，（7）：67-69.

[35] 郑美花，邵燕燕，薛梅. 乡村振兴背景下传统村落的保护和利用研究[J]. 山东农业工程学院学报，2021，38（1）：69-73.

[36] 杜莹，王玲玲. 适用于传统村落的综合性规划策略研究——《传统村落保护及利用规划编制指南》的探索[J]. 现代城市研究，2020，（12）：2-8.

[37] 云贝利，李亮. 宁夏传统村落的保护与开发初探[J]. 民族艺林，2020，（4）：32-37.

[38] 任娟. 基于多元智能分析的高中地理学困生转化研究[D]. 重庆：西南大学，2020.

[39] 刘魁立. 非物质文化遗产保护的回望与思考[J]. 中国非物质文化遗产，2020，（1）：32-40.

[40] 张坤. 传统村落保护与非遗保护研究——以保定南腰山古村为例[J]. 文化产业，2020，（14）：45-46.

[41] 王志轩. 周易文化申报国家级非遗项目名录的困境与路径[J]. 安阳师范学院学报，2020，（1）：36-40.

[42] 余压芳，庞梦来，张桦. 我国传统村落文化空间研究综述[J]. 贵州民族研究，2019，40（12）：74-78.

[43] 史英静. 从"出走"到"回归"——中国传统村落发展历程[J]. 城乡建设，2019，（22）：6-13.

[44] 四川省人民政府办公厅关于加强古镇古村落古民居保护工作的意见[J]. 四川省人民政府公报，2019，（11）：14-16.

[45] 王泽宇. 武安阁建筑装饰艺术研究[D]. 邯郸：河北工程大学，2019.

[46] 陈正怡然. 基于非物质文化传承的仁里村空间保护与更新设计研究[D]. 杭州：浙江工业大学，2019.

[47] 康莹. 论我国非物质文化遗产的法律保护[D]. 吉林：吉林大学，2019.

[48] 李天雪，梁淼. 恭城文武庙传统木雕图案的历史蕴意与当代价值[J]. 桂林师范高等专科学校学报，2019，33（2）：1-4.

[49] 夏先华. 方言文化的法律保护：定位、归因与进路[J]. 湖北警官学院学报，2019，32（1）：61-70.

[50] 王世琴. 试论藏族织绣艺术的文化内涵[J]. 农村经济与科技，2018，29（22）：256-257.

[51] 巧合. "女王的河谷"莫洛村[J]. 农家书屋，2018，（7）：30-31.

［52］方永恒，张艺. 试论民族区域公共文化空间功能及其建构价值［J］. 贵州民族研究，2018，39（5）：115-118.

［53］温玉雯. 丹巴县莫洛村传统村落空间形态特征及其保护研究［D］. 成都：成都理工大学，2018.

［54］刘超杰. 河南鹤壁地域建筑文化研究［D］. 郑州：郑州大学，2018.

［55］孙志国，刘红，熊晚珍，刘之杨，钟儒刚. 武陵山片区恩施州智力精准扶贫与乡村振兴战略研究——基于传统知识与文化遗产传承发展［J］. 江西农业学报，2018，30（4）：134-140.

［56］周锦国，陶学伟，袁艳伟. 藏族地区中小学教师使用普通话教学状况研究调查报告［J］. 大理民族文化研究论丛，2018：79-152.

［57］伏小兰. 川西藏区传统村落保护与发展研究［D］. 长沙：湖南师范大学，2017.

［58］胡勇明. 脱贫攻坚民族村落保护规划研究［J］. 四川建筑，2017，37（2）：79-81.

［59］宿州市人民政府关于公布第三批市级重点文物保护单位的通知［J］. 宿州市人民政府公报，2017，（2）：33-34.

［60］顿明明. 论非物质文化遗产保护与传承的文化场所营造规划策略——以苏州古城为例［J］. 中国名城，2017，（2）：91-96.

［61］刘润福. 从中日比较谈非物质文化遗产中的传统手工艺保护［J］. 装饰，2016，（12）：30-36.

［62］马宁，刘玉皑. 历史传承与文化共享：西藏江孜达玛节的展演式保护探析［J］. 西藏大学学报（社会科学版），2016，31（4）：86-92.

［63］曾少明，殷剑. 关于非物质文化遗产保护的制度性障碍分析［J］. 旅游纵览（下半月），2016，（22）：278-279，281.

［64］易俊博. 黄陂区历史文化名村保护规划研究［D］. 武汉：武汉工程大学，2016.

［65］谭宏. 冲突与协调——中国非物质文化遗产名录制度的人类学反思［J］. 文化遗产，2016，（4）：65-73，158.

［66］高威迪. 嘉绒藏族莫洛村调查及其保护规划研究［D］. 西安：西安建筑科技大学，2016.

［67］吴茜婷. 贵州省安顺市云山屯"文化空间"变迁与影响因子相关性研究［D］. 贵州：贵州大学，2016.

［68］程夏. 论基层法官的地方性知识［D］. 武汉：中南民族大学，2016.

［69］王秋红. 东女国婚姻家庭习俗的区域化法律文化分析——以法律地理为视角［J］. 湖北民族学院学报（哲学社会科学版），2015，33（3）：92-96.

[70] 李光磊. 冀南武安地区的"两甩袖"院落式传统民居研究[D]. 西安：西安建筑科技大学，2015.

[71] 闫委亚. 山西省传统村落环境保护现状及发展模式探析[D]. 太原：太原理工大学，2015.

[72] 杨维. 丹巴嘉绒藏族风情节的旅游价值及其实现路径[J]. 四川省干部函授学院学报，2015，(1)：16-19，36.

[73] 蒋万来. 从现代性和文化多样性看非物质文化遗产的法律保护[J]. 知识产权，2015，(2)：3-11.

[74] 陈梅琴，黄远春. 浅谈嘉绒藏族社区民俗文化心理[J]. 教育教学论坛，2015，(2)：72-73.

[75] 冯静，王建. 宿舍小天地 人际大问题——基于六名研究生的访谈研究[J]. 湖北广播电视大学学报，2014，34(7)：58-59.

[76] 李欣宇. 四川丹巴碉楼建筑研究[D]. 北京：北方工业大学，2014.

[77] 广西壮族自治区人民政府关于核定公布左江岩画为自治区文物保护单位的通知[J]. 广西壮族自治区人民政府公报，2014，(14)：2-4.

[78] 马玉山. 论坭兴陶文化空间的活态保护[J]. 钦州学院学报，2014，29(6)：17-20.

[79] 杨超. 论我国非物质文化遗产的行政保护[J]. 湖北警官学院学报，2014，27(6)：53-57.

[80] 袁彦廷. 冀南武安清末民初大院民居研究[D]. 西安：西安建筑科技大学，2014.

[81] 张敏，刘立祥. 锅庄舞蹈对精神健康复健的研究[J]. 教育教学论坛，2014，(23)：151-152.

[82] 马歆. 西北地区民族文化交流问题研究[D]. 武汉：华中科技大学，2014.

[83] 杜京楠. 文脉视角下的青城镇保护与更新研究[D]. 济南：山东大学，2014.

[84] 第六批中国历史文化名镇(村)名单公布[J]. 现代物业(上旬刊)，2014，13(Z1)：72.

[85] 郭理蓉. 论我国非物质文化遗产的刑法保护及其完善[J]. 贵州民族研究，2014，35(1)：9-12.

[86] 铁晓娜. 写生画对传统村落可持续发展影响的研究——基于对视觉影响作用的分析[J]. 河西学院学报，2013，29(4)：89-93.

[87] 蔡川. 甘孜藏区不同锅庄艺术风格异同研究[J]. 赤峰学院学报(汉文哲学社会科学版)，2013，34(6)：229-231.

［88］武汉大学质量发展战略研究院中国质量观测课题组，程虹，李丹丹，罗连发. 2012年中国质量发展观测报告［J］. 宏观质量研究，2013，1（1）：1-32.

［89］古卿. 丹巴县中路人生旅程中的饮食习俗［J］. 四川民族学院学报，2013，22（3）：11-14.

［90］万玛吉. 藏族寺院垒石砌墙技艺及其文化内涵研究［D］. 兰州：西北民族大学，2013.

［91］蒋培锋. 少林武术文化空间的现代保护［J］. 搏击（武术科学），2013，10（4）：39-41.

［92］郦大方，杜凡丁，李林梅. 丹巴县藏族传统聚落空间形态构成［J］. 风景园林，2013，（1）：110-117.

［93］黎林峰. 三部门推动传统村落保护发展工作［J］. 中国建设信息，2013，（3）：25-27.

［94］任学婧，朱勇. 论非物质文化遗产法律保护的完善［J］. 河北法学，2013，31（3）：86-92.

［95］关雪峰. 浅谈嘉绒藏族古碉建筑——丹巴县中路、梭坡碉楼民居［J］. 住区，2012，（4）：136-139.

［96］邓万祥. 墨尔多寻访女儿国［J］. 资源与人居环境，2012，（7）：78-80.

［97］张远满. 文化传统中的民俗——关于土家族"毛古斯"的田野考察［J］. 戏剧文学，2012，（6）：103-107.

［98］崔志勇，周鹏涛. 高等教育自学考试试题难度研究［J］. 黑龙江高教研究，2012，30（5）：51-54.

［99］董原，王嘉瑞. 丝绸之路申遗甘肃段旅游区文化遗产的保护与开发［J］. 兰州学刊，2012，（4）：193-197.

［100］罗灵. 我国非物质文化遗产的知识产权保护研究［D］. 南京：南京理工大学，2012.

［101］周翔飞. 川西甘孜藏族民间歌舞"丹巴锅庄"述略［J］. 绵阳师范学院学报，2012，31（1）：122-124.

［102］郑学东. 非物质文化遗产的园林设计［D］. 杭州：浙江大学，2012.

［103］李小苹. 非物质文化遗产的法律分类思考［J］. 学理论，2011，（34）：122-123.

［104］田芙蓉. 我国《非物质文化遗产法》评介［J］. 中国工商管理研究，2011，（6）：59-61，72.

［105］余压芳，刘建浩. 论西南少数民族村寨中的"文化空间"［J］. 贵州民族研究，

2011, 32（2）: 32-35.

[106] 李昕. 非物质文化遗产进入文化产业的评估研究[J]. 东岳论丛, 2011, 32（4）: 112-116.

[107] 陈景凡. 西北民族地区幼儿园"藏语班"现象透析[D]. 兰州: 西北师范大学, 2009.

[108] 柏景. 川西地区藏羌高碉建筑探析[A]. 中国建筑学会建筑史学分会. 建筑历史与理论第九辑（2008年学术研讨会论文选辑）[C]. 中国建筑学会建筑史学分会: 中国建筑学会建筑史学分会, 2008: 286-300.

[109] 江宇. 丹巴地区传统藏族聚落初探[D]. 重庆: 重庆大学, 2008.

[110] 陈翩翩. 唐家湾: 中国历史文化名镇[N]. 珠海特区报, 2007-06-15（001）.

[111] 郑成竹. 马尔康镇嘉绒藏族藏传佛教信仰现状研究[D]. 兰州: 西北民族大学, 2007.

[112] 曾雪玫. 丹巴服饰文化调查[J]. 康定民族师范高等专科学校学报, 2007,（1）: 13-17.

[113] 古卿. 丹巴饮食文化调查[J]. 康定民族师范高等专科学校学报, 2006,（5）: 9-13.

[114] 刘明祥. 千碉之国——莫洛村[J]. 小城镇建设, 2006,（9）: 79-80.

[115] 宋兴富, 王昌荣, 刘玉兵, 蒋成, 陈剑, 汤诗伟. 丹巴古碉群现状及价值[J]. 康定民族师范高等专科学校学报, 2006,（4）: 1-5.

[116] 王钊. 生态视野下的聚落形态和美学特征研究[D]. 天津: 天津大学, 2006.

[117] 杨奉. 浅谈丹巴藏族服饰文化及特点[J]. 成都电子机械高等专科学校学报, 2006,（1）: 79-82.

[118] 尹浩英. 四川西南地区碉房建筑文化微探[D]. 成都: 四川大学, 2006.

[119] 鲁元. 一妻多夫女儿国[J]. 科学大观园, 2006,（2）: 56-57.

[120] 东干·格西奇珠, 扎西卓玛. 浅谈四川甘孜藏族建筑艺术特点[J]. 西藏艺术研究, 2005,（4）: 66-68.

[121] 第二批中国历史文化名镇（村）授牌仪式[J]. 小城镇建设, 2005,（12）: 22, 21.

[122] 申鸿. 川西嘉绒藏族服饰审美与历史文化研究[D]. 成都: 四川大学, 2006.

[123] 袁姝丽, 曾明, 张超, 李明. 川西嘉戎藏族刺绣、纺织品的表现形式及造型特征[J]. 天府新论, 2004,（5）: 111-113.

[124] 杨嘉铭. 丹巴古碉建筑文化综览[J]. 中国藏学, 2004,（2）: 93-103.

［125］肖举梅. 丹巴县嘉绒藏族的人生礼仪及择偶习俗［J］. 西南民族大学学报（人文社科版），2003，（11）：23-25.

［126］牟子. 丹巴高碉文化［J］. 康定民族师范高等专科学校学报，2002，（3）：1-6.

［127］侯蕾. 非物质文化遗产的法律保护模式选择及相关问题研究［D］. 苏州：苏州大学，2012.

［128］张伟. 镇山村"文化空间"变迁与保护研究［D］. 贵州：贵州大学，2015.

［129］王莉莉. 云南民族聚落空间解析［D］. 武汉：武汉大学，2010.

［130］中华人民共和国国家民族事务委员. 国家民委关于命名第二批中国少数民族特色村寨的通知［Z］. 2017.

［131］古镇保护规划文本．［Z］. 2016.

［132］马燕斌. 我州51个传统村落入选第三批中国传统村落名录［J］. 红河日报，2014，（1）：1.

［133］三部门出台《关于加强传统村落保护发展工作的指导意见》［J］. 城市规划通讯，2012，（24）：6-7.

［134］聚焦［J］. 世界遗产，2014，（4）：112-115.

［135］杨嘉铭. 高碉：兀自挺立的历史［J］. 西藏人文地理，2006，（3）：106-121.

［136］革命遗址［J］. 甘孜日报，2011，（1）：01.

［137］李元梅. 红军长征曾建立一支藏族红军队伍［J］. 甘孜日报，2011，（1）：01.

后记

雄浑的雪山、奇特的地貌、清新的森林,在川西这片土地上展现出令人叹为观止的美丽,这里的人文历史也同样令人深思。莫洛藏族村落在这里承载了藏族千百年的传统文化底蕴,这些民间故事、节日庆典、传统习俗无不彰显着浓厚的人文风情,但是城市化和工业化的发展进程却时时威胁着其赖以生存的文化空间,各界学者也时常困顿于文化遗产保护和经济发展矛盾中。本书的内容是本研究团队积累多年的心血,十多年来,团队成员奔走于西南山区,遇见文化空间,追寻文化空间,品鉴文化空间,识别文化空间。调研时在村里遇到的阿婆阿公、石板巷道旁啃食青草的牛羊们无不见证了每一次探寻、每一次识别的过程。

本书的撰写过程中,格宗志玛、拉姆、刘杰、朱鸿等专家提供了宝贵的图片资料,研究生唐瑞雪、余婧楠等协助整理书稿基础资料,给予了大力支持,值得衷心感谢。同时,我们还要特别感谢那些为本书的研究提供调研线索和基础资料的村民朋友和基层工作者,是你们的贡献使得本书的内容更加丰富。最后,我们要感谢那些曾经为本书研究思路提供导向和启发的专家和朋友们,你们的建议和指导对于我们的研究起到了重要作用。再次向大家表示真诚的感谢!

张桦
2023年7月于贵阳